신 예수전

진짜
예수
찾기

신 예수전

이재영 지음

청파랑

중세 초기 어거스틴은 "나는 믿기 위해서 안다"고 했고, 11세기 안셀무스는 "나는 알기 위해서 믿는다"고 했다. 어거스틴은 신앙에서 '믿음'을 강조한 것이고, 안셀무스는 '인식'을 강조했다. 신앙의 태도에서 믿음과 인식은 선택 사항이 아니다. 믿음의 경험을 통해서 신에 대한 인식은 더 깊어지고, 인식을 통해서 신에게 더 가까이 다가갈 수 있다.

이는 마치 불교 수행에서 문사수(聞思修)냐 수사문(修思問)이냐 하는 논쟁과 같다. 문사수는 경전을 먼저 공부하고 사유하며 수행을 하는 길이고, 수사문은 수행을 먼저 하면서 사유하고 경전을 공부하는 길이다. 이 역시 선택 사항이 아니다. 인식과 경험은 같이 가는 것이다. 다만 문(聞)과 수(修)의 선후가 바뀔 수는 있다.

우리가 예수를 찾는 길도 성서를 공부하여 찾을 수 있고, 믿음으로써 예수를 만날 수 있다. 필자의 경험에 의하면 성서를 공부하면서 예수의 뜻과 사정을 더 깊이 알게 되었고, 한편 하나님께 기도드리는 중에 예수가 하나님이 함께 하시는 그리스도임을 알게 되었다. 우리는 예수를 합리적이고 과학적 탐구를 통해서도 알 수 있지만, 기도를 통한 영적 직관에 의해 그를 더 이해할 수 있다.

신학자들은 지금까지 역사비평이나 편집비평을 통해서 예수를 찾아 나왔다. 그러나 이러한 합리적 비평의 방식으로는 진정한 예수를 만날 수 없다. 이유는 자료가 부족하기 때문이다. 신약성서 복음서에 예수가 태어날 때부터 공생애(公生涯, 공인으로서의 생애) 출발하기까지 그의 생애에 대한 기록이 거의 없다. 다만 베들레헴에서의 탄생 설화, 12세 때 성전에서 교법사들과 대화 중에 부모와 형제가 찾아온 사건, 가나의 혼인 잔치에서 어머니 마리아와의 대화 등 세 이야기만 전해질 뿐이다. 그래서 이 기간을 예수의 잃어버린 30년이라고 한다.

어찌하여 이렇게 예수의 생애에 대한 자료가 없을까? 무엇보다도 유대인들이 예수를 메시아로 인정하지 않았기 때문이다. 하나님은 구약의 예언자들을 통해 메시아 탄생과 그의 구원 사역을 예고하고 메시아를 맞이할 준비를 시켰지만, 선민 유대인들은 예수를 맞이하여 모시지 못하고 오히려 그를 죄인으로 몰아 십자가를 지게 한 것이다.

그럼 당시 예수를 따랐던 제자들은 왜 예수의 생애에 대하여 기록을 하지 못했을까? 제자들은 예수의 생애를 기록할 만한 능력이 없었다. 당시 유대인 97%가 글을 모르는 문맹자들이었다. 유대 지도자들을 빼고는 백성들은 대부분 문맹이었다. 예수의 제자들은 농부, 어부, 심지어 창기에 이르기까지 가난하고 배우지 못한 사람들이었으니 예수의 생애를 기록할 생각을 하지 못했다.

예수의 생애가 소개된 복음서는 예수 사후 70년이 지난 AD 1세기부터 기록되었다. 이렇듯 뒤늦게 복음서가 기록된 것은 초대 기독교인들의 종말론 신앙 때문이다. 예수의 십자가 죽음 전에 하신 말씀에 따르면, 예수는 제자들 당대에 곧 재림하여 제자들의 원을 풀어주겠다고 했으니 굳이 예수의 생애에 대해 기록할 필요성을 느끼지 못한 것이다.

예수가 지상을 떠나신 지 70년이 지나면서 예수를 목격하였던 사람들은 죽어서 지상에 없고 초대 기독교인들의 자식들이 성장하였다. 그리고 새로운 사람들이 전도되면서 그들을 위한 교재의 필요성이 대두되었다. 복음서기자(福音書記者)들 역시 예수를 목격하지 못한 사람들이다. 다만 성서의 권위를 위해 복음서기자들을 마태, 마가, 누가, 요한 등으로 세운 것이다. 복음서의 기자들이 구전(口傳)과 편편이 기록된 자료에 의존하다 보니 자세한 예수의 생애에 대하여 글로 남길 수가 없었다. 역사적 예수에 대한 단편적인 사실에다 그들의 해석을 덧붙인 것이 오늘의 복음서다. 이런 이유로 복음서에서 증언하는 예수의 행적이 조금씩 차이가 나는 것이다.

　　그러면 어떻게 진정한 예수를 찾을 수 있을까? 역사를 하나님의 창조이상세계로 복귀하는 섭리역사로 이해해야 한다. 인류는 하나님의 구원섭리 역사이고 구원섭리의 중심에 메시아를 세우신 것이다. 따라서 구약성서의 주제는 '메시아 강림을 위한 기대(基臺)'이다. 이러한 맥락에서 신약성서를 이해해야 한다. 복음서에서 편편이 기록된 그리스도 예수의 행적과 메시지를 하나님의 약속과 성취라는 구원섭리의 맥락에서 이해할 때 진정한 예수를 찾을 수 있다. 이러한 맥락에서 예수 그리스도의 탄생, 그가 행한 이적(異蹟)과 기사(奇事), 십자가의 죽음과 부활 등을 해석해야 한다.

이렇게 보면 예수의 십자가 죽음은 하나님의 뜻과 전혀 상반된 길이다. 예수의 십자가 죽음은 하나님께서 인류 구원을 위해 예정하신 길이 아니다. 예수는 지상에서 가정을 이루어 하나님의 나라를 위한 가정적 기반, 민족적 기반 그리고 세계적 기반을 닦아서 인류의 구세주, 만왕의 왕, 인류의 참부모가 되셔야 했다. 그렇게 되었을 때 지상에 재림 메시아로 다시 오실 필요가 없는 것이다.

예수의 십자가 죽음은 하나님의 뜻도 아니고, 구원섭리에서 예정된 길이 아니었기에 성서 기자들은 예수의 부활 사건을 초월적 사건으로 다루게 된 것이다. 예수의 육체 부활을 주장하여 하나님의 초자연적인 능력과 죽어도 다시 살 수 있는 예수라고 증언하기 위해 묘사한 것이다. 예수의 십자가의 죽음을 대속설(代贖說)로 환원하게 된 것이다.

물론 부활사건은 분명한 역사적 사건이며 오늘도 개인적으로 국가적으로 부활이 일어나고 있다. 부활사건은 초대 그리스도교를 탄생시켰고 예수의 복음 메시지가 세계에 펴져 인류의 정신적 부활을 이끌어왔다. 부활은 예수에게만 있었던 유일회적인 사건이 아니라 하나님의 창조이상세계의 실현을 위한 과정으로 오늘도 개인과 가정과 국가 그리고 세계에서 일어나고 있는 사건이다. 예수는 살아서 지상에서 부활을 이끌어가야 했지만 십자가의 죽음으로 말미암아 영적 부활을 이끌어가고 있는 것이다.

예수의 십자가 죽음은 하나님도 그도 원치 않았던 피와 눈물이 얼룩진 통한(痛恨)의 길이었다. 지금 하늘나라에서 세상을 내려다보시는 예수 그리스도의 심정은 어떠하실까? 이 책이 예수 그리스도에게 위로와 기쁨을 드리는 2020년 성탄절 선물이 되기를 바란다.

2020년 12월 하늘을 편안하게 하는 천안(天安)에서

이 재 영

| 차 | 례 |

I
예수의 강림

1

예수 그리스도에 대한 구약 예언

구약성서 아모스 3장 7절에 "주 여호와께서는 자기의 비밀을 그 종 선지자들에게 보이지 아니하시고는 결코 행하심이 없으시리라"고 하였다. 하나님은 인류의 구원섭리를 하시기 전 미리 알리고 행하신다는 의미다. 성서에 보면 중요한 섭리적 사건이 있을 때마다 하나님은 미리 보여주셨다. 하물며 메시아의 강림이 아무런 예고 없이 이루어졌겠는가! 2천 년 전 예수 그리스도의 강림 때도 노아, 아브라함, 모세 등 중심인물들을 통해 미리 보여주셨다. 이들이 걸었던 길은 장차 오실 메시아의 전형노정이었던 것이다.

구약성서에는 장차 태어날 메시아의 위치, 사명, 역할 등
이 자세하게 예언되었다. 그리고 이러한 예언들이 거의 신
약성서에서 성취되었음을 볼 수 있다. 특히 예수 그리스도의
탄생에 대해서는 그의 혈통, 태어날 장소, 그의 선교 활동과
십자가 죽음과 부활까지 정확하게 예언되어 있다. 예수는 복
음을 전하면서 '옛 선지자가 하신 말처럼'이라는 말을 많이 사
용하였다.

예수는 자신을 불신하는 유대인들에게 "너희가 성경에서
영생을 얻는 줄 생각하고 상고하거니와 이 성경이 곧 나에 대
하여 증거하는도다"(요한복음 5:39)라고 하였다. 그리고 "내가
율법이나 선지자를 폐하러 온 것이 아니고 완전케 하러 왔
다"(마태복음 5:17)고 하였다.

창세기에는 아브라함의 후손 가운데 이스라엘을 다스릴
지도자가 탄생한다는 여호와 하나님의 약속이 있다(창세기
17:7). 장차 태어날 그는 처녀의 몸에서 태어나며 그의 이름을
임마누엘이라고 하였다(이사야 7:14). '인자 같은 이', 곧 사람
의 아들 모습으로 구름 타고 탄생한다고 되어 있으며(다니엘
7:13), 그는 전능하신 하나님, 영존의 아버지, 평강의 왕의 권
능을 갖고 태어나신다고 하였다(이사야 9:6).

한편 탄생하실 그리스도 임마누엘은 사람들로부터 멸시를 당하고, 그를 싫어하며, 고난을 받고, 버림을 받을 것이라는 예언이 있다(이사야 53:3). 제자들이 그를 배신하여 은 30냥에 팔고(스가랴 11:12), 그의 곁을 떠날 것이 예언되었다(스가랴 13:7). 그리고 최후에는 창에 찔려 돌아가실 것과 부활하실 것이 예언되었다(시편 16:10).

구약성서의 예수 탄생과 그의 생애에 대한 예언은 '영광의 왕으로 강림하신다'는 것과 '고난의 종으로 오신다'라고 양면으로 예언되었다. 예수가 만왕의 왕으로 평강의 왕이 될 것이라는 예언과 지상에 태어나 사람들로부터 고난을 받고 버림을 받는다는 예언이다. 이처럼 구약성경에 장차 오시는 예수에 대하여 '영광의 왕' 또는 '고난의 종' 양면으로 예언된 것은 하나님의 뜻과 약속 가운데 그리스도가 탄생하지만 그를 맞이하는 인간의 책임에 따라 '영광의 왕'이 될 수도 '고난의 종'이 될 수도 있기 때문이다.

그러나 이스라엘 땅에 오신 예수는 이사야 53장의 예언처럼 고난의 종이었다. 그의 지상에서의 33년 생애는 수난과 핍박으로 점철된 삶이었다. 왜 그는 영광의 왕이 아닌 고난의 종이 되었을까? 한 마디로 유대인들의 무지 때문이었다.

지상에 오신 예수가 하나님의 아들이요 그리스도라고 하는 사실을 몰랐기 때문이다. 아니, 알았다고 하더라도 메시아가 등장하면 자신의 기득권이 침해를 받는다고 생각하여 예수를 십자가 죽음으로 몰아갔을지 모른다. 그리고 일반인들은 군중심리에 휩쓸려 그를 부정하고 핍박을 하였다.

구약의 메시아 탄생에 대한 그 많은 예언에도 불구하고 오신 예수를 왕으로 모시지 못한 것은 예수를 보잘것없는 나사렛 동네 목수 요셉의 아들로 보았기 때문이다. 복음서를 일별해보아도 예수는 당시 사람들에게 아버지가 누군지 모르는 사생아였다. 결혼도 하지 않은 처녀 마리아가 낳은 사생아를 어떻게 하나님의 아들 독생자요, 그리스도로 믿고 따를 수 있었겠는가! 명분과 체면을 중시했던 당시 유대인들로서는 이런 예수를 메시아로 쉽게 받아들일 리가 없었다. 만약 요셉이 마리아를 아내로 받아들이지 않았으면 마리아는 당시의 관습에 따라 돌로 맞아 죽어야 했다.

하나님이 보내신 선지자들을 통해 예수 그리스도에 대한 예언을 그토록 많이 하였음에도 왜 유대인들은 예수를 불신한 것일까? 그것은 예수의 탄생이 그들의 예상을 뒤엎었기 때문이다. 구약성서를 잘 아는 유대인들로서는 예수의 탄생

사건은 자신들의 예상이 완전히 빗나간 것이었다. 그들은 예수 그리스도는 특별한 징후 가운데 왕의 가문으로 영화롭게 태어날 것으로 믿고 있었다. 성서를 잘 아는 유대인들은 다니엘이 예언한 대로 "인자와 같은 이가 하늘 구름 타고 오실 것"(다니엘 7:14)을 믿고 있었을 것이다. 그러나 일개 목수의 아들로 태어난 예수를 믿고 따르기에는 유대 지도자들의 신앙과 지혜를 담는 그릇이 너무 작은 것이었다.

2
하나님의 성전 이상과
좌절

흔히 예수를 나사렛 예수라고 호칭한다. 그 당시의 관례대로 예수라는 평범한 이름에 그가 살았던 동네 이름을 붙여 나사렛 예수라고 하였다. 그는 베들레헴에서 태어났지만, 그의 부모의 고향인 나사렛에서 자랐기 때문이다. 나사렛은 광활한 팔레스타인의 변방 지역의 산골 동네로 척박한 환경이었다. 인구 몇백 명이 사는 가난하고 작은 동네에서 예수가 태어난 것이다. 예수는 가난하고 보잘것없는 목수의 집 아들로 태어나 갈릴리 지역에 속하는 나사렛에서 살다가 30세가 되면서 그의 뜻을 펼치기 위해 유대 땅으로 옮겨 활동하였다.

이스라엘 백성이 광야 생활을 마치고 가나안 땅에 정착한 것은 BC 13세기이다. 이들은 이집트에서 400년간 고역살이를 마치고 그들 조상의 고향 땅이었던 가나안을 정복하고 정착하게 되었다. 이집트에서 돌아온 유대민족은 이방 족속들을 각고의 노력 끝에 정복하고 약 800년간 가나안 땅에 살았다.

가나안은 동서양 문명의 교차로이자 교통의 요충지였다. 이러한 지리적 장점 때문에 유동인구가 증가하면서 유대민족을 중심으로 여러 민족이 뒤섞여 살았다. 비록 여러 민족이 뒤섞여 있었으나 히브리인들은 하나님의 선민이라는 자부심을 가지고 그들의 혈통과 신앙을 지키며 살았다.

그들은 가나안 땅에 정착할 때까지 통치할 왕을 세우지 않았다. 이는 이집트 파라오 왕에게 억압당했던 기억 때문일 것이다. 가나안으로 귀환한 이스라엘 사람들은 열두 지파가 연합한 민주주의 체제로 통치를 했다. 하나의 지파 연맹 통치체제라 할 수 있다. 지파 연맹 공동체는 모든 지파가 평등한 권리를 갖는 특징을 지녔다. 통치에서 각 지파는 자치권을 가졌고 제사장을 중심으로 종교의식만 같이하였다. 지파 연맹의 지도자는 민의에 의해 선출된 사사(士師)라고도 불리는 판관이었다. 판관은 군대의 지도자이면서 입법권과 사법권까지 행사하는 위치에 있었다.

지파 연맹과 판관의 지도 체제가 약 200년간 유지되다가 왕이 세워지고 왕국시대가 개막되었다. 왕이 세워진 배경은 주변국 팔레스타인 때문이다. 성경에서는 팔레스타인 사람들을 블레셋 사람들이라 불렀다. 팔레스타인은 이스라엘 사람들이 귀환한 시기와 비슷한 시기에 남부에서 올라와 가나안 지방에 정착하였다. 지리적 여건 때문에 이스라엘과 팔레스타인 간에는 영토분쟁이 있을 수밖에 없었다. 그 영토분쟁이 3천 년이 지난 지금도 계속되고 있는 것이다. 당시 팔레스타인의 군사력과 경제력은 이스라엘보다 훨씬 우위에 있었다. 이들은 이스라엘이 청동무기를 쓰고 있을 때 철제무기를 사용했다.

이스라엘 열두 지파의 느슨한 동맹체제로 팔레스타인에 대항하기에는 역부족이었다. 이스라엘이 팔레스타인에 대항하기 위해서는 좀 더 강력한 지도체제가 필요했다. 왕의 지휘 아래 일사불란하게 팔레스타인에게 항전할 필요에서 왕이 세워진 것이다. 그들은 하나님께 왕을 세워줄 것을 요청하였다. 그러나 하나님은 이스라엘 왕정 수립에 대하여 부정적이었다. 왕정을 세우게 되면 왕의 독재와 왕권 찬탈의 살육전이 벌어질 것을 예상했기 때문이다. 그러나 그들의 집요한 요청에 마지막 판관 사무엘이 사울을 최초의 이스라엘 왕으로 세우게 되었다.

이스라엘 왕으로서 초기에 등장한 사람들은 사울, 다윗, 솔로몬이다. 이때 왕정체제는 다른 나라에서 실시하는 왕정체제와 달랐다. 이스라엘 왕정은 입헌군주제에 해당한다. 율법 아래에서 선임된 왕들로 이들은 율법 안에서의 왕이다. 왕도 법 앞에 예외가 될 수 없었다. 이들 왕들도 일반 시민과 같이 사법적, 도덕적, 종교적 규제의 대상이었다. 그러나 이러한 왕정 제도도 얼마 가지 않아 남북 왕조 시대로 갈라지게 되었다.

왕정체제를 세우게 된 것은 왕, 제사장, 예언자의 역할분담을 위해서다. 왕의 역할은 세속세계의 통치와 관리를 담당하는 것이다. 무엇보다도 장차 오실 그리스도의 성전을 건립하는 것이 그들의 첫째 사명이었다. 광야에서 세운 임시 성전인 성막의 시대가 끝나고 예루살렘에 실체 성전을 건설하고 관리하기 위한 역할이다. 판관의 공동지도 체제로써는 일사불란하게 성전을 지을 수가 없기에 하나님은 이스라엘 왕국을 허락하신 것이다. 이스라엘 왕조 시대의 두 번째 왕 다윗이 즉위하고 그의 첫 사업으로 성전을 건립하기 시작했다.

그러나 사울, 다윗, 솔로몬 등 초기의 왕들은 이러한 사명을 제대로 완수하지 못했다. 유일신을 신봉하던 유대인들 가운데 가나안 본토인들이 섬기는 신들을 숭상하는 사람들이 나왔다. 다윗 왕은 처음에는 지혜롭게 이스라엘을 통치하다가 말년에 레임덕이 왔다. 그는 자신의 충신 우리아를 죽이고 그의 아내 밧세바를 취하는 범죄를 저질렀다. 결국 다윗의 자식 중 배가 다른 자식들의 싸움이 이스라엘을 북조 이스라엘 왕국과 남조 유대 왕국으로 갈라놓은 발단이 된 것이다.

다윗의 아들 솔로몬 왕은 집권 초기에는 하나님의 뜻을 경외하는 진실한 신앙인이었으나 후기에 나태와 쾌락을 탐닉하며 부패와 방탕의 길로 접어들었다. 솔로몬의 결정적 실수는 장차 오실 메시아를 위해 준비되었던 성전에 이방의 신을 모신 일이었다. 그는 이방으로부터 많은 후궁을 맞이하게 되고 그들이 들여온 이방의 신을 성전에 모시게 되는 불경을 저지른 것이다. 다윗의 범죄와 솔로몬의 타락으로 하나님의 성전 이상이 파괴되고 말았다. 결국 하나님을 분노케 하였고 이스라엘을 남과 북으로 갈라놓게 된 것이다.

이후 북조 이스라엘과 남조 유대로 갈라진 두 왕국은 어떠했는가? 하나님이 부여한 성전 건설의 사명은 잊고 왕위 찬탈을 위한 살육전의 연속이었다. 북조 이스라엘은 260년간 19명의 왕이, 남조 유대는 394년간 20명의 왕이 경질되었다. 특히 북조 이스라엘 왕 중에는 선한 왕이 하나도 없었다. 그래도 남조 유대 왕 가운데는 선정(善政)을 베푼 몇 명의 왕이 있었으나 요시아 왕 이후에는 악한 왕들이 속출하였다.

북조 이스라엘과 남조 유대는 공히 여호와 하나님을 배신하고 잡신과 이방신을 섬기는 악행을 저질렀다. 여호와 하나님은 이들을 회개시키기 위해 선지자들을 보내어 왕의 폭정과 우상숭배에 대한 불경을 규탄하였으나 그들은 마음이 완악하여 회개하지 않았다. 하나님은 결국 이들에 대한 징벌을 내리게 되었다. 북조 이스라엘은 앗수르에 멸망하게 되고, 남조 유대는 바빌론에 멸망되어 포로로 끌려가는 신세가 되었다.

하나님이 이스라엘을 선민으로 부르신 것은 장차 오시는 메시아를 맞이하여 그를 받들고 모시도록 하기 위해서다. 메시아를 모시고 받들려면 무엇보다도 메시아를 모실 수 있는 성전을 준비해야 한다. 이 성전을 준비하는 것이 이스라엘 백성들의 최우선 사명이고 과제다. 그러나 이스라엘은 하나님의 그러한 뜻을 저버리고 말았다. 하나님은 이스라엘 민족을 이집트의 노예로 만들어 연단하였듯이 이스라엘 백성들이 바빌론 포로로 끌려가서 나라 없는 서러움과 고통을 당하도록 하였다.

하나님의 성전 이상과 꿈은 다시금 이스라엘 포로귀환 후로 미루어졌다. 성전이 세워질 땅으로 점지되었던 예루살렘 성의 탈환이 이토록 멀고 험한 길이 된 것은 이스라엘 백성들의 하나님을 향한 마음이 멀어졌기 때문이었다. 인간이 어려움과 고통을 당할 때는 하나님을 찾고 그 고통에서 벗어나 자유를 찾게 되면 다시 하나님을 불신하는 것은 예나 지금이나 다름이 없는 것 같다.

3

메시아 강림을 위해 준비된 국가
로마

유대민족이 바빌론에서 해방되어 가나안으로 귀환 후 약 400년간은 장차 오실 메시아 강림을 준비하는 시대였다. 그들은 마지막 예언자 말라기 선지자를 중심으로 메시아를 맞이하기 위해 예루살렘에 성전 재건을 착수하였다. 물론 과거 솔로몬의 화려했던 성전에 비하면 초라하기 짝이 없는 것이었다. 거의 200년간 포로 생활을 하면서 그들에게 남겨진 재물도 없었고 불타는 신앙도 없었다.

하나님이 당신의 독생자 메시아를 보내기 위해 이 기간 어떤 일을 하셨는가? 오늘날도 일국의 왕이 어느 지역을 방문

한다고 하면 그를 맞이해야 할 준비를 철저히 한다. 왕래할 수 있는 도로를 건설하고, 왕이 머물 집을 준비하며, 그를 보호해야 할 보안체제 등 많은 준비가 필요하다. 하물며 만왕의 왕 그리스도가 강림하는데 아무런 준비가 없이 지상에 보냈겠는가? 하나님은 메시아 강림을 위해 거의 완벽한 국가적 차원의 준비를 하셨다. 예수가 지상에 오시기 전 400년간 메시아 강림 준비시대를 통해 우리는 역사 속에 살아계신 하나님을 볼 수 있다.

하나님은 유대인들이 메시아를 맞이할 수 있도록 어떤 준비들을 해오셨는가? 우선 유대 백성들에게 메시아를 보내겠다는 약속하시고 그들을 선민으로 교육하셨다. 그리고 메시아를 맞이할 준비로 일찍이 성전을 짓도록 하셨다. 성전은 단순히 제사 드리는 신전이 아니라 메시아가 거할 집으로 준비하신 것이다.

왜 하나님은 유대 땅에 그리스도 예수를 보내시고 그가 오시기 약 70년 전(BC 63년)에 그 땅을 로마의 속주(屬州)로 만들었는가? 유대 땅이 로마의 한 주로 편입된 것은 전적으로 하나님의 섭리 가운데 이루어진 일이다. 로마 장군 폼페이우스가 팔레스타인에 진군하여 유대의 수도 예루살렘을 점령하고, 유대의 영토를 연안 도시들과 트란스요르단을 제외한 갈릴리와 사해 동쪽의 베레아 지방으로 한정하였다.

'모든 길은 로마로 통한다'고 할 정도로 로마는 사상, 문화, 무역의 중심지였다. 도로망은 거미줄처럼 연결되어 있었고 인도를 비롯한 동남아시아 국가들과 활발한 교역이 이루어졌다. 당시 로마의 도로 길이가 40만 킬로미터이고 그 중 포장도로만 8만 킬로미터라고 하였으니 '모든 길은 로마로 통한다'는 말이 나오게 된 것도 당연하다. 영토도 유럽의 전역과 북아프리카 지역으로 확장하여 전 세계를 점령할 수 있는 위세를 떨쳤다.

로마는 사상의 중심지였다. 당시 헬레니즘과 헤브라이즘 사상이 만날 수 있는 중심지였다. 그리스 아테네와 이를 계승한 알렉산드로스 대제국을 통해 발전한 문화를 헬레니즘(Hellenism)이라고 하고 예루살렘을 통해 상징적으로 표현되는 문화는 기독교 사상과 관련된 문화로 헤브라이즘(Hebraism)이라 한다. 헬레니즘을 인간 중심적인 문화라고 한다면 헤브라이즘은 신 중심의 문화라고 할 수 있다. 오늘날 서양의 사상과 문화는 헬레니즘과 헤브라이즘 문화가 교차하면서 이룬 문화다. 로마는 이 두 사상이 교차되는 지역이었다. 예수의 사상으로 헬레니즘과 헤브라이즘 사상을 융합하여 세계적으로 전파할 수 있는 중심지였다.

당시 로마의 종교는 다신교를 따랐다. 그들이 정복한 나라의 대부분 종교를 그대로 허락하였고 그들의 신앙을 존중했다. 로마의 전통적인 종교들은 숭배의 대상이 자연신이었으며 신과 공동체에 관련된 영웅들이었다. 특히 여신들을 숭배하는 종교들이 주류를 이루었다. 이러한 로마의 전통 종교에 동양의 비의적(秘儀的) 종교가 들어와 교섭하게 되었다. 타 종교에 대한 관용의 기반이 로마에 있었기에, 예수가 태어날 당시 여러 종교와 메시아니즘이 자유롭게 활동할 수 있었다. 로마에 닦인 다신교적 기반 위에서 예수 그리스도의 구세 활동이 가능했던 것이다.

기독교는 예나 지금이나 입교에 있어서 열려 있었다. 남녀노소 구분이 없었고, 가난한 자와 부자의 차별이 없었으며, 직업의 귀천 없이 누구나 기독교인이 될 수 있었다. 그러나 자신들에게만 구원이 있고 타 종교에는 구원이 없다는 배타적인 생각으로 인해 결국 유대교와 로마로부터 박해를 받게 된 것이다. 예수 시대에도 사두개파, 에세네파, 바리새파 등 유대교 분파들이 있었다.

예수는 이들에 대하여 철저하게 배타적이었고 적대적이었다. 성경에 보면 예수는 이들에게 "화 있을지어다" "뱀들아 독사의 자식들아"라는 저주를 퍼부었다. 로마에 아무리 종교적 관용이 있었다고 하더라도 타 종교에 배타적인 기독교를 고운 시선으로만 볼 수 없었다. 특히 유대교 지도자들은 자신들에게 독설과 저주를 퍼부은 예수를 그냥 놓아둘 리가 없었다.

로마는 지정학적으로나 문화적으로 여러 사상이 통섭(지식의 융합) 될 수 있었기 때문에 기독교 사상도 받아들일 수 있는 터전이었다. 예수가 계획하였던 하나님의 나라 건설은 히브리 사상, 즉 신본주의 사상으로만 가능하지 않다. 하나님 나라의 사상은 인본주의 사상인 헬레니즘 사상과 통섭되어야 한다. 예수의 말씀은 신본주의 사상과 인본주의 사상 양면의 균형이 있는 말씀이었기 때문이다.

만약 예수의 사상을 당시 로마가 받아들였다면 로마의 확장과 함께 그 사상은 바로 전 세계로 전파되었을 것이다. 예수 당대에 인도의 힌두교 사상, 불교 사상과 만나고, 동방의 유교와 도교의 사상과도 만날 수 있었을 것이다. 당시 로마는 세계로 뻗어가면서 자신들이 점령한 국가 지도자를 그대로 세워 통치하게 했으며, 그들이 신봉하던 종교를 유지하게 했다. 예수 그리스도의 사상이 다른 종교와 경쟁 또는 통합이 가능했던 시대였다.

하나님은 이토록 철두철미하게 예수가 강림하실 수 있는 터전을 마련해 놓고 예수를 유대 땅에 보내셨다. 그러나 가장 메시아를 고대하였던 유대교에서 예수를 배척하므로 예수의 하나님 나라 건설에 대한 것은 재림 예수 때로 연장되고 말았다. 마찬가지로 재림 시기도 하나님께서 준비하실 것이다. 메시아를 맞이할 수 있는 나라도 로마와 같이 타 종교에 대한 포용력이 있고, 민주주의 국가요, 사상과 종교의 자유가 있고, 여러 종교가 통섭될 수 있는 그 나라가 될 것이다.

4
아!
예루살렘 성

성서 사복음서에서 공통으로 증언한 사건이 예수가 나귀를 타고 예루살렘에 입성하는 사건이다. 비록 짤막한 사건이지만 이 사건이야말로 예수 선교 활동의 목적과 그의 위치를 알리는 사건이다. 예수는 인류를 구원하기 위해 오신 메시아요 왕이시다. 이스라엘 백성들은 일찍이 메시아가 거하실 성전을 준비하고 그를 기다려왔다. 예수가 바로 이 성전의 주인이신 것이다.

구약시대의 선지자 스가랴는 예수의 예루살렘 입성을 기록하고 있다. "시온의 딸아 크게 기뻐할지어다. 예루살렘의 딸아 즐거이 부를지어다. 보라 네 왕이 네게 임하나니 그는 공의로우며 구원을 베풀며 겸손하여 나귀를 타나니 나귀의 작은 것 곧 나귀 새끼니라"(스가랴 9:9)라고 예수의 예루살렘 입성을 예언하였다.

예루살렘 성전은 일찍이 이스라엘 왕정 초기 다윗 왕부터 장차 오시는 그리스도가 주인으로 거하실 곳으로 준비되었다. 하지만 건축과 파괴의 수난을 겪으며 이스라엘과 함께 영욕을 겪어야 했다. 예루살렘의 정복은 곧 이 성전의 정복이었다. 이 성전을 탈환하기 위한 피의 전쟁이 지금도 계속되는 것이다. 이스라엘 백성들은 이 성전을 지키기 위해 팔레스타인의 원주민과 싸워야 했고, 바빌론으로부터 침략을 당해 이방신을 모셔야 하는 모욕도 당했다. 긴 세월 동안 이슬람이 점령하기도 하였고 이 성전 탈환을 위한 십자군 전쟁으로 피 값을 치러야 했다.

다윗이 왕위에 오를 때까지 이스라엘 수도는 헤브론이었다. 그러나 헤브론은 너무 남쪽에 있었고 적으로부터 보호하기에 적당한 지역은 아니었다. 다윗은 왕이 되면서 수도 이전의 필요성을 느꼈다. 예루살렘이 최적의 땅이었다. 예루살렘은 해발 790미터의 산악지역에 있었고 삼면이 골짜기로 둘러싸여 적이 침투하기 힘든 요새였다.

다윗은 BC 1010년 예루살렘을 점령하여 이스라엘 수도로 정했다. 그래서 예루살렘은 '다윗 도성'이라 불리며 이스라엘의 정치, 경제, 종교의 중심에 놓이게 되었다. 다윗은 전쟁으로 인해 흩어진 열두 지파를 결속하도록 언약궤를 예루살렘으로 옮겨왔다. 언약궤를 이스라엘로 옮기므로 예루살렘은 중앙 성소가 되었다. 이스라엘 백성들은 광야에서 유랑했을 때 언약궤가 그들을 약속의 가나안 땅으로 인도했다고 믿는다. 언약궤는 야훼 하나님이 이스라엘 백성과 함께한다는 것을 상징했다.

언약궤에는 '두 석판' '금 항아리' '아론의 싹 난 지팡이'가 담겨있는 상자로 성막 안에 안치되었다. 성막이란 천막으로 만든 집을 말하는데 이스라엘이 성전을 지을 때까지 임시 성전에 해당한다. 성전은 장차 왕으로 오시는 예수 그리스도를 모셔야 할 궁전이었다. 이 성막 안에 있는 두 석판은 모세가 시내산에서 하늘로부터 받은 말씀 판이었다. 이 두 석판은 말씀의 실체로 오시는 예수님과 성신을 상징했다.

광야 시대가 끝나고 가나안에 입성하면서 광야에서 모셨던 임시 성전이 아닌 영원무궁토록 하나님과 그의 아들 그리스도를 모실 성전이 필요했다. 그러나 가나안을 정복하고 안착할 때까지는 임시 성전으로 성막이 필요하였기 때문에 메시아를 상징하는 법궤를 성막에 모실 수밖에 없었다. 이스라엘에 왕국이 세워지면서 성막 시대가 끝나고 이제 실체 성전을 지어야 했다. 이 일을 다윗 왕에 이어 솔로몬이 시작하게 되었다. 솔로몬은 왕위에 즉위하여 그의 아버지 다윗이 준비했던 성전 건립을 11년 8개월 만에 마쳤다. 예루살렘 성전은 그 어떤 나라의 신전보다 장엄하고 화려하였다.

그러나 바빌로니아의 느부갓네살 2세가 이스라엘을 점령하고 성전의 보물을 노략질하고 건물을 파괴하였다. 그 후 이스라엘 백성이 바빌로니아에 끌려가서 100년이 넘게 포로 생활의 고초를 겪어야 했다. BC 515년 페르시아가 바빌로니아를 점령하고 BC 538년 고레스 2세는 포로를 석방하였다. 그들은 유대 땅에 귀환하여 삶의 중심이고 신앙 중심인 예루살렘 성전을 재건하였다. 포로귀환 후 가난하고 배고픈 시절에 재건된 이스라엘의 성전은 예전의 화려했던 면모는 찾아볼 수 없고 언약궤마저 사라진 초라하기 짝이 없는 것이었다.

시리아의 에피파네스 안티오쿠스 4세는 BC 167년에 성전을 더럽히고 이교의 제우스신에게 제사하는 만용을 저질렀다. 심지어 율법에서 금지하고 있는 돼지고기를 먹도록 했으며 유대인이 생명처럼 지키는 안식일을 범하게 하고 이스라엘이 생명시 하는 할례를 금지했다. 성전이 이교도에 의해 더럽혀지는 것을 본 마카오베오 형제들이 이끄는 독립군은 3년 만에 예루살렘을 탈환하여 성전 제의를 회복하였다.

BC 63년 유대 땅이 로마의 폼페이우스 장군에게 점령당했다. 이때부터 로마는 유대 땅에 분봉왕을 세워 통치하게 하였다. 로마 황제의 총애를 받아 헤로데가 분봉왕이 되자 유대인들의 환심을 사기 위해 제2 성전을 재건하게 하였다. 헤로데는 희생 제사나 제물 봉헌을 중단하지 않도록 제1 성전을 부수지 않고 새로운 성전을 지었다. 이 성전은 역대 성전 가운데 가장 규모가 크고 화려한 성전이었다.

예수 십자가 죽음 이후 4세기경 기독교가 로마로부터 인정을 받고 로마의 국교가 되었다. 이때부터 하나님의 성전 이상은 장차 오실 재림 메시아로 옮겨졌다. 당시의 통치자 왕과 제사장은 합심하여 성전 이상을 실현해야 했다. 그러나 제사장과 왕은 그 권한을 놓고 갈등이 계속되었고 교황청의 부패가 이어졌다. 구약의 왕정 시대에 예언자들이 그랬듯이 이때도 하나님은 토마스 아퀴나스, 성 프란체스코 등의 수도원 인물들을 세워 내적쇄신 운동을 일으켰으나 기독교는 회개하지 않았고 부패의 일로를 걷게 되었다. 하나님은 그들을 확청(廓淸) 하기 위해 십자군 전쟁의 섭리를 전개하신 것이다.

칼리프 제국이 망하고 셀주크 터키가 예루살렘을 점령한 후 그들은 순례자들을 학대하고 착취하였다. 이에 분개한 교황들은 예루살렘 성을 탈환하기 위해 십자군 전쟁을 일으켜 1096년부터 약 200년간 7회에 걸쳐 원정했으나 번번이 패전하고 말았다. 십자군 전쟁으로 많은 전사자와 물질적 손실을 당했고 이로 말미암아 교황권은 실추되고 국민의 심신이 피폐하게 되었다. 이 전쟁으로 봉건사회를 유지하던 영주들과 기사들이 전사하였기 때문에, 그들의 정치적 입지가 약해지고 전쟁물자 공급으로 인한 경제적 곤궁에 처하게 되었다. 이 결과로 교황을 중심으로 한 기독교 군주사회가 무너지고 르네상스와 종교개혁 운동이 일어나게 되었다. 재림 메시아를 맞이하기 위한 새로운 체제와 성전이 필요하였기 때문이다.

왕정 시대, 포로귀환 시대 등의 역사적 역경을 딛고 말라기 선지자를 중심으로 성전 건립의 터전이 마련되었다. 예수는 예루살렘 성전의 주인으로 오셨지만, 이 성전 때문에 십자가 죽음으로 내몰리는 신세가 되었다. 예수의 십자가 사형 죄목의 하나가 바로 성전의 주인임을 자처하였기 때문이다. 예수는 자신이 성전보다 더 큰 사람이라 하였고(마태복음 12:6), 이 성전을 헐고 내가 사흘 안에 다시 짓겠다고 하였다. 유대인들에게 국가 자체요 정체성의 상징인 성전을 자신의 것이라고 하고 내가 성전보다 더 높다고 하는 예수를 고운 시선으로 볼 리는 없었다.

유대인들은 예수를 그리스도 구세주로 믿지 않았다. 자칭 구세주요 유대인들을 미혹하는 자로 본 것이다. 그리하여 갖은 핍박과 조롱을 하며 그를 십자가의 죽음으로 내몰게 된 것이다. 이러한 유대인들에 대하여 예수는 비탄과 한숨으로 이스라엘을 저주하게 된다.

"예루살렘아! 예루살렘아! 선지자들을 죽이고 네게 파송된 자들을 돌로 치는 자여 암탉이 그 새끼를 날개 아래 모음과 같이 네 자녀를 모으려 한 일이 몇 번이냐 그러나 너희가 원치 아니하였도다"(마태복음 23:37)라고 하였다.

성전의 주인이지만 갈 곳 없는 신세가 되어 결국 십자가의 죽음을 택한 예수에게 제자들은 "선생님이여 어디로 가시나이까?"라고 묻는다. 예수는 "여우도 굴이 있고 공중의 새도 거처가 있으되 오직 인자가 머리 둘 곳이 없다"(마태복음 8:19-21)라고 하였다. 이는 하나님이 오랜 세월 자신을 위해 준비하신 성전에 들어가지 못하는 처량한 신세를 한탄하시는 말씀이었다.

예수는 눈물을 흘리며 예루살렘 성을 향하여 "너도 오늘날 평화에 관한 일을 알았다면 좋을 뻔하였거니와 네 원수들이 토성을 쌓고 너를 둘러 사면으로 가두고 또 너와 그 가운데 있는 네 자식들을 땅에 메어치며 돌 하나도 돌 위에 남기지 아니하리니 이는 권고받는 날을 네가 알지 못함을 인함이니라"(누가복음 19:41-44)고 하였다.

예수의 말씀대로 유대 땅은 AD 63년 로마로부터 점령되어 갖은 핍박을 다 받았다. 64년도 로마 대화재 때 기독교인들은 방화범으로 몰려 수천 명이 광장에서 화형을 당해야 했다. 로마가 팔레스타인 땅을 점령하면서 기독교에 대한 박해가 극심해졌다. 유대인들은 로마로부터의 독립을 위해 반란군을 일으켜 저항했으나 이 저항의 대가로 유대인들이 절멸되다시피 했다. 겨우 목숨을 유지한 유대인들은 조국을 잃고 세상으로 흩어져 살아야 하는 디아스포라 유대인의 신세로 전락하였다.

디아스포라 유대인들이 근 2천 년간 나라 없이 유리표박(流離漂泊)하다가 1948년에 조상들의 고향 팔레스타인으로 돌아와 독립을 선언하고 공화국을 세웠다. 그러나 오래전부터 이곳에 살던 아랍인들이 순순히 그 땅을 내줄 리가 없었다. 아랍 국가들은 결속하여 이스라엘을 공격하였고 이스라엘은 끊임없이 공격과 방어의 전쟁을 치러야 했다. 현재까지도 끊임없는 영토분쟁이 계속되고 있다.

제2차 대전 중에는 게르만 민족의 우월성을 주장했던 독일 히틀러에게 600만 명의 유대인이 처참하게 학살되기도 하였다. 지금도 그들이 사는 땅을 수호하기 위해 긴장과 불안한 삶을 살아가고 있다. 하나님으로부터 선택받은 유대인들이 근 2천 년 동안 왜 이런 처참한 박해를 받았을까? 그것은 바로 예수 그리스도를 불신하고 십자가에 내준 죗값이었다.

5

누가 내 모친이며
동생들이냐

신약성서 마태복음, 마가복음, 누가복음 등 세 개 복음서를 공관복음서라고 한다. 공관복음이란 공통적인 내용이 담겨 있다는 의미이다. 이들 복음서에서는 공통으로 예수의 생애와 그의 가르침에 대하여 전하고 있다. 그러나 세부적인 내용은 다소 차이가 있다. 이것은 성서가 예수 그리스도의 십자가 죽음 후 약 70년이 지나서 형성되었기 때문이다. 예수 그리스도와 같이 활동했던 제자들과 예수 그리스도의 행적을 목격했던 사람들은 죽고, 후에 어록과 구전에 의존해서 성서가 형성되었다.

공관복음서와 요한복음을 포함한 사복음서에서 예수의 위치와 역할은 조금씩 다르게 표현되었다. 마태복음은 만왕의 왕으로서 통치자의 위치에, 마가복음은 섬기는 종으로서, 누가복음은 가난한 자와 죄인의 친구로서, 요한복음은 하나님과 같은 위치의 신으로서의 그리스도 예수의 위치와 역할을 강조하고 있다. 그리고 십자가 죽음 후 부활 사건에 대한 증언도 조금씩 다르다. 돌무덤에 갇히신 예수의 시신이 없어진 내용도 다르고, 예수의 부활을 목격한 여인들과 참석한 숫자도 다르다.

사복음서 중에 마태복음과 누가복음 서술은 예수의 족보로 시작되지만, 마가복음과 요한복음은 예수의 족보가 나오지 않는다. 예수의 족보를 기록한 마태복음과 누가복음에서는 족보의 기술 방식과 족보의 선조에 대해서도 다르게 전하고 있다. 마태복음의 족보는 유대인의 조상 아브라함부터 시작되고, 누가복음에서는 하나님으로부터 기록되었다. 전자에서는 유대인 조상의 족보를 가진 유대인의 왕임을 강조하였고, 후자에서는 하나님의 아들 그리스도요 우주적 예수를 강조한 것이다. 마태복음과 누가복음은 예수의 탄생에 관해 서술하고 있고, 마가복음은 예수의 공생애 노정 출발 이야기부터 기록이 되었다.

그리스도 예수의 생애는 그가 탄생하면서부터 고난과 핍박의 연속이었다. 만왕의 왕 그리스도 메시아의 위상을 가지고 태어났지만, 국가적으로나 가정적으로 메시아의 탄생에 대하여 전혀 준비되지 않았고 그리스도 탄생을 환영하지도 않았다. 마리아에게 천사가 나타나 수태하여 아들을 낳는다는 것과 그가 이스라엘의 왕이 될 것이라는 예언이 있었으나, 마리아는 이때 요셉과 약혼한 상태였기 때문에 미혼모 입장이었다(누가복음 1:31-33).

요셉에게 주님의 사자가 현몽하여, 마리아에게 잉태된 자는 성령으로 된 것이고 그는 장차 이스라엘 백성을 죄에서 구원할 자이니 마리아를 데려다가 출산과 양육을 도우라고 하였다(마태복음 1:19-22). 그러나 요셉이 꿈 중에 천사가 현시하여 그의 약혼녀에게 아이가 탄생한다는 것을 어떻게 받아들였을까 상상해 볼 수 있다. 천사의 말을 받아들이기는 하였지만, 자신의 아내 될 사람이 자신과 관계없는 임신을 하였으니 인간적인 갈등과 고뇌가 어찌 없을 수 있겠는가!

보통 사람들도 아이가 태어나기 전 부모나 가까운 사람이 태몽을 꾼다. 태몽으로 용꿈을 꾸었다거나 돼지가 집안으로 들어오는 꿈을 꾼다. 그러나 사람들 대부분은 얼마 지나지 않아 이 꿈을 곧 잊고 만다. 과연 요셉과 마리아가 자신들에게서 세상을 다스릴 그리스도가 태어날 것이라는 현몽을 믿고 예수를 지극정성으로 기르고 그의 메시아 길을 예비할 수 있었겠는가 의구심을 갖지 않을 수 없다.

예수도 여인의 배를 통하여 태어난 사람이다. 그도 태어나서 울고 젖을 먹고 보살핌을 받았을 것이다. 하나님의 뜻을 자각하기 전까지 예수도 다른 아이들과 특별하게 다를 바가 없었다고 본다. 예수는 요셉에게 그냥 의붓자식에 불과했다. 특히 요셉이 아버지가 누구인지도 모르는 예수를 정성과 사랑으로 보살필 수 있었겠는가를 상상하는 것은 어려운 일이 아니다.

예수가 제자들과 함께 서기관 바리새인들에게 말씀하고 있을 때 그의 모친 마리아와 동생들이 예수를 찾아왔다. 예수는 이들을 돌아보지도 않고 말씀을 계속하고 있었다. 이때 한 제자가 예수에게 찾아와 "모친과 동생들이 당신께 말하려고 밖에서 기다리고 있다"라고 전하였다.

그러나 예수는 싸늘한 태도로 "누가 내 모친이며 내 동생들이냐?"(마태복음 12:48)고 하면서 제자들을 가리켜 나의 모친과 동생이라고 하였다. 그리고 "하늘에 계신 내 아버지의 뜻대로 하는 자가 내 형제요 자매요 모친이니라"(마태복음 12:50)라고 하였다. 요셉의 가정에서는 하늘의 뜻대로 하지 않았다는 의미이다. 하늘의 뜻대로 예수를 그리스도로 모시지 못했다는 의미이다.

자신을 낳아 준 부모를 부정하고 돌아보지 않는다는 것은 세상의 상식으로는 천하에 불효자다. 그러나 예수의 이 말에는 그의 한(恨)과 가족에 대한 원망이 서려 있다. 가족들이 예수를 메시아로 모시기는커녕 전혀 그리스도로 인정하지 않았을 것이다. 이 사건 안에 요셉이 등장하지 않은 것으로 보아 요셉은 일찍 사망한 것 같다. 마리아는 남편 요셉이 사망하자 예수에게 목공 일을 시켜 생계를 유지하게 하고 싶었을 듯싶고, 그래서 예수가 유대 지도자들과 논쟁하고 제자들을 가르치는 일을 못마땅하게 생각했었을 것이다.

만왕의 왕 메시아로 등장하기 위해서는 그를 맞이하기 위한 가정적 기대(基臺), 민족적 기대, 세계적 기대가 마련되어야 한다. 이 기대는 외적으로 환경적인 면과 내적으로 예수의 뜻과 하나 되는 기반이다. 이 기반 위에서 예수가 만왕의 왕으로서 등극할 수 있도록 하나님은 미리 준비하셨다. 그러나 유대인들은 이 기대를 세워야 할 책임을 다하지 못한 것이다.

하나님의 뜻은 절대적이다. 하나님이 한 번 계획하신 일은 결코 중단이 없다. 그래서 성서 역사를 보면 하나님은 당신이 세우고자 하신 하나님의 나라 건설은 결코 포기할 수 없다고 하셨다. 이사야 46장에 하나님은 "내가 기뻐하는 것을 이루리라"라고 하셨고, "내가 말하였은즉 정녕 이룰 것이요 경영하였은즉 정녕 행하리라"(마태복음 46:10-11)라고 하였다.

구약성서와 신약성서에서 공통으로 하나님 나라의 중심으로 오시는 메시아를 위한 기대를 세우기 위한 역사를 보여주고 있다. 그래서 성서학자들은 구약과 신약의 주제를 '메시아의 대망'이라고 한다. 아담과 이브가 타락한 이후 잃어버린 하나님의 나라를 다시 찾아 세우기 위해 노아를 통한 씨족적 기대, 아브라함 이삭 야곱을 통한 부족적 기대, 모세를 통한 민족적 기대, 세례 요한을 통한 세계적 기대를 이룬 터 위에 메시아는 등극하게 되어 있었다.

하나님은 예정된 때에 약속대로 중심인물들을 보내시고 그들을 통해 메시아를 맞이할 기대를 조성하도록 하였으나 중심인물들이 책임을 다하지 못했다. 하나님은 메시아를 맞이할 장소로 족장 시대에는 성소, 민족적 메시아를 위한 기대 시대에는 성막, 그리고 왕국이 수립되면서 성전을 건설하도록 하신 것이다. 성서에 성전을 짓거나, 빼앗긴 성전을 탈환하기 위한 피눈물 나는 역사가 전개된 것은 성전은 메시아가 거하실 집이며 만국을 다스릴 센터이기 때문이다.

그러나 성전의 주인이신 예수는 이 성전에 입성도 하지 못하고 십자가의 죽음을 맞이하게 되었다. 아이러니하게도 자신이 성전의 주인이라고 한 것이 유대인들이 핍박하고 십자가에 매달게 된 구실이 된 것이다.

6
예수는 아버지 없이
잉태되었는가

기독교인들의 신앙고백서 사도신경에 예수는 "성령으로 잉태하여 동정녀 마리아에게서 나셨다"라고 하였다. 아버지 없이 처녀 마리아가 예수를 낳았다는 말이다. 과연 아버지 없이 동정녀로 자식을 낳을 수 있을 것인가? 하나님의 창조가 그처럼 창조의 원리와 과학을 초월하여 이루어질 수 있다는 말인가! 여기에 대해 의심을 하게 되면 이단이 된다. 따지지도 말고 묻지도 말고 믿어야 한다. 그래서 기독교에서는 동정녀 탄생을 사도신경에 묶어놓고 무조건 믿도록 하였다.

물론 전지하시고 전능하신 하나님이니까 동정녀 탄생도

가능하다고 주장할 수 있을 것이다. 그러나 비기독교인들이 "처녀의 몸에 예수를 탄생시킬 수 있는 하나님이라면 왜 인간 조상 아담과 이브가 선악과를 따먹도록 내버려 두셨을까? 왜 예수가 십자가에 달려 돌아가시는 그 상황을 하나님은 외면하셨을까?"라고 묻는다면 기독교는 어떻게 대답할 수 있을까? 그냥 "하나님은 전지전능하시니까 가능할 것이다"라고 답할 것이다. 하나님의 인간 창조와 구원은 창조원리에 따라, 창조의 법칙에 따라 이루어진다. 하나님은 스스로 세우신 창조원리와 법도를 어기시는 분이 아니시다.

위대한 인물의 탄생에는 탄생의 예고와 그 탄생에 대한 신화가 있다. 신라의 시조 박혁거세는 알에서 태어났고, 불교의 창시자 석가모니는 하얀 코끼리를 타고 마야 부인의 옆구리로 들어와 잉태하였고 태어날 때 옆구리에서 튀어나왔다고 전해진다. 그는 태어나자마자 일곱 걸음을 걸었고 '천상천하유아독존'을 외쳤다고 한다. 위대한 인물의 생애는 미화될 수밖에 없다. 위대한 탄생으로 미화되어야 그에 대한 믿음과 존경이 강화되기 때문이다. 예수의 탄생도 그렇다. 예수도 보통의 사람처럼 부부관계에 의해 잉태되었고, 예수가 어릴 때 다른 아이처럼 기저귀를 차고 자란 모습을 성서에 기록했다면 사람들은 예수의 신성에 대한 의구심을 품을 것이다.

예수는 여인의 몸을 통해 태어났고 분명히 잉태의 씨를 뿌린 아버지가 있다. 성경을 눈여겨 읽어보면 예수의 아버지가 누구냐를 암시하는 내용이 있다. 마리아가 잉태 소식을 전하는 천사에게 "나는 사내를 알지 못하니 어찌 이런 일이 있으리이까?"라고 물으니 "천사가 대답하여 가로되 성령이 네게 임하여 지극히 높으신 이의 능력이 너를 덮으시리니"(누가복음 1:34)라고 하였다. 왜 천사는 마리아의 잉태 사건을 '덮는다'라고 하였는가? 덮는다는 말은 숨긴다는 말이다. 예수의 아버지가 누구인지를 숨기겠다는 의미이다.

천사로부터 잉태의 소식을 듣고 마리아는 "주의 계집종이오니 말씀대로 내게 이루어지이다"(누가복음 1:38)라고 대답한 후 곧바로 대제사장 사가랴 집으로 가서 석 달쯤 그 가정에 함께 있다가 귀가하였다. 이때 무슨 일이 있었는가를 미루어 짐작할 수 있다. 사가랴는 당대에 권세 있고 존경받는 대제사장이었다. 그가 지성소에 들어가 제사하는 동안 천사가 나타나 이미 경수가 끊긴 그의 아내가 잉태하여 아들을 낳는다는 소식을 전하였다. 그 아이가 예수보다 6개월 먼저 태어난 세례 요한이다. 천사는 장차 태어날 요한이 '주 예수 앞에 큰

자가 되고 주를 위하여 백성을 예비할 자'(누가복음 1:17)라고
하였다.

예수의 탄생 당시의 주변 정황으로 볼 때 예수를 잉태시
킨 아버지는 세례 요한의 아버지 사가랴라는 의심을 할 수밖
에 없다. 대제사장 사가랴는 성전의 지성소에 들어가 하나님
과 소통하는 지고한 위치에 있었다. 그는 하늘의 계시를 받
고 마리아를 자신의 집에 3개월간 머무르게 하였다. 이때 마
리아가 예수를 잉태한 것이다. 물론 성서에는 마리아가 잉태
한 후 사가랴 가정에 머무른 것으로 되어 있다.

사복음서의 성서 기자들은 예수 공생애 중 선교 사역의 순
서나 전후를 그렇게 고심하지 않고 기록하였다. 예수 사후
70년에서 100년이 지난 다음 자신들이 목격하지 않은 사건
들을 전승과 구전에 의존해서 기록하다 보니 사건의 순서가
그렇게 정확하기는 어렵다. 다만 예수를 메시아로서의 인격
과 그의 활동에 초점을 두고 기록한 것이다. 따라서 마리아
가 예수를 잉태하고 사가랴 가정에 들어간 것이 아니라 사가
랴 가정에 들어가고 난 다음 예수를 잉태하였다는 것이 예수
탄생의 맥락에 부합하다.

오늘날 예수의 탄생에 '동정녀 탄생이냐? 사생아냐? 혹은

아버지가 누구냐?' 하는 문제는 그렇게 중요한 문제가 아니다. 그러나 당시의 유대 사회에서는 상당히 중요한 문제였다. 당시 사생아라는 말은 가장 모욕적인 욕설이었다. 우리나라에서 '호래자식'이라는 욕과 맞먹는 욕이다. 당시엔 사생아를 낳은 여인을 돌로 쳐 죽여도 벌을 받지 않는 상황이었다. 따라서 예수의 사생아 탄생을 숨기기 위해 요셉을 아버지로 등장시켰을 것이다.

합리적인 신앙을 하는 사람들로서는 예수의 동정녀 탄생에 대한 의구심을 가질 수밖에 없었다. 2세기 로마의 철학자 켈수스는 그의 책 《참된 기독교》에서 예수의 아버지가 로마 군인 판테라의 아들이라는 주장을 펼치다가 화형을 당하기도 하였다. 그리고 최근에는 제임스 타보로가 《예수의 왕조》에서 예수의 아버지가 판테라라고 주장하여 기독교에 파문을 던지기도 하였다.

예수의 동정녀 탄생에 대한 논의는 《예수전》을 쓴 스트라우스의 설명이 가장 합리적인 것 같다. 그는 성서에 역사적 사실과 초자연적 설명 그리고 합리적인 설명이 혼재되어 있다고 본다. 따라서 예수의 이해는 역사적 인물로서의 이해와 기독교가 신앙의 대상으로 삼는 예수의 이해가 달라야 한다고 생각한다. 동정녀 탄생, 치유의 기적, 육신의 부활 등은 역사적 사실과 신화적 사건이 혼재되었다고 본다.

따라서 예수의 탄생이 동정녀 탄생이냐 아니냐, 혹은 예수가 육신으로 부활했느냐 아니냐, 이러한 사건들이 역사적 사실이냐 아니냐 하는 것은 그렇게 중요한 문제가 아니다. 또 예수의 어린 시절과 청소년기에 무엇을 했느냐 하는 것도 그렇게 중요한 문제가 아니다. 성서는 역사적 사실을 증언하고자 하는 것이 아니기 때문이다. 성서 기자들이 전하고 싶은 이야기는 예수가 메시아였다는 사실이다. 그가 전한 복음은 진리라는 것이다. 예수를 존경하고 믿게 하도록 동정녀 탄생을 주장하였고, 병을 고치는 기적을 기록하였고, 예수의 육체적 부활을 주장한 것이다. 복음서기자들은 예수가 그리스도임을 증언하기 위해 역사적 예수의 사건을 신화화해서 기록하였다.

7
예수의 탄생과
어린 시절

예수의 탄생 사건도 많이 미화되고 신화화되었다. 베들레헴의 어느 말구유에서의 비참한 탄생까지도 미화되었다. 예수는 결혼하지 않은 동정녀 마리아에게서 태어났고 목자와 동방박사의 경배와 찬미 가운데 태어났다. 성서의 작가는 예수의 공생애 노정 가운데 '물로 술을 만들었다' '다섯 덩이의 떡으로 오천 명을 먹였다' '육체로 부활했다' 등의 보통상식과 합리적 이성을 가진 사람들로서는 믿기 어려운 사건들을 전하고 있다. 이러한 기록은 앞 장에서 언급한 것처럼 역사적 사실이라기보다는 예수를 그리스도로 세우기 위해 신화화한 기록이다.

마리아와 요셉이 호적을 올리러 유대 땅에 가다가 산기를 느껴 베들레헴에 머물러 더럽고 냄새나는 말구유에서 아기를 출산했다는 것은 예수의 탄생에 대한 준비가 전혀 없었다는 사실을 말해준다(누가복음 1:1-7). 만약 마리아가 자신의 복중에 메시아를 잉태하고 있다는 사실을 믿고 준비했다면 어찌 말구유에서 해산할 수 있단 말인가!

물론 양치는 목자들이 천사로부터 그리스도 탄생에 대한 소식을 듣고 마리아를 찾아가 증언과 찬미를 하였다(누가복음 2:8-14). 그리고 밤하늘 별들의 이동을 보며 동방박사가 선물을 들고 탄생한 예수 그리스도에게 경배하러 방문했다(마태복음 2:1-3). 목자들은 글자 그대로 양을 치는 목동이다. 그리고 동방박사는 일개 점성가에 불과했다. 만약 예수 그리스도의 탄생이 준비되었더라면 예수에게 찾아와 경배할 사람들은 목자나 동방박사가 아니라 당시의 제사장을 비롯한 왕, 서기관 등이었다. 그들이 예수의 탄생을 축하하고 경배해야 했었다. 그러나 유대의 왕 헤로데는 자신의 왕위를 빼앗길까 봐 태어난 예수를 죽이려고 당시에 태어난 유아들을 찾아 죽이는 만행을 저지른 것이다.

사람들이 가장 궁금해하는 것은 예수가 30세 이후 공생애를 출발하기 전까지의 어린 시절과 청소년 시절에 대한 성서의 기록이 별로 없다는 사실이다. 이것은 요셉 가정이나 그당시 사회에서 예수를 메시아로 알아보지 못했고 모시지 못했다는 것을 말해준다. 만약 예수의 가정이나 당시의 사회에서 예수를 메시아로 인정하고 존경하고 섬겼더라면 그의 생애에 대한 기록이 그토록 없을 리가 없다. 예수는 메시아로서 자각하기 전까지 유대의 평범한 어린이 중의 하나였고 청년 중의 한 사람이었을 것이다.

　　심지어 예수의 탄생일도 정확하게 알려지지 않았다. 오늘날 성탄일로 맞이하는 12월 25일은 예수가 태어난 정확한 날이 아니다. 로마 가톨릭은 12월 25일을 성탄일로 기념하지만, 동방교회는 1월 7일을 성탄일로 기념한다. 서기 336년 로마교황 율리우스 1세가 로마 태양신 축제일 12월 25일을 성탄일로 정한 것이다. 예수를 메시아로 믿었다면 어찌 태어난 날짜 하나 기록이 없단 말인가!

　　젊은 시절 예수의 가정사에 대해 알려진 것은 태어나자마자 그를 죽이려는 헤로데 왕을 피해 그의 부모가 예수를 데리고 이집트로 도망간 사실과 이집트에서 돌아와 18년간 그의 부모와 함께 나사렛에 살았다는 이야기다. 공생애 출발하기 30살까지는 그의 부모의 직업이었던 목공 일을 도왔을 것이다. 옛날 우리나라도 마찬가지였지만 당시 목공 일은 천민들이 하던 일로 존경받는 직업은 아니었다. 예수가 그리스도로 대우를 받았더라면 어찌 천하게 취급받던 목공 일이나 하고 있었겠는가!

또 하나의 이해되지 않는 사건이 있다. 예수의 어린 시절을 분명하게 기록한 이야기는 12세 때 유월절 성전에서 랍비들과 토론한 사건이다. 요셉과 마리아가 유월절 행사를 마치고 나사렛으로 돌아가면서 예수를 예루살렘에 남겨놓고 간 사건이다. 요셉과 마리아는 하룻길을 가다가 예수가 없는 것을 알고 예루살렘으로 예수를 찾으러 갔다. 그리고 사흘 후에 성전에서 랍비들과 토론하고 있는 예수를 발견한 것이다 (누가복음 2:41-52).

그들이 기르고 있는 아이가 장차 세상을 구원할 그리스도임을 알았다면 어찌 그런 일이 있을 수 있겠는가! 아마 요셉과 마리아는 의도적으로 예수를 버리고 갔을 수도 있다고 상상을 할 수 있다. 사실 예수는 요셉의 혈통을 이어받은 아들이 아니라 결혼 전 마리아가 임신하여 출생한 사생아다. 이러한 사실을 놓고 그들 부부에게 갈등이 있었음을 짐작할 수 있다. 이때 요셉은 천사가 현몽하여 처녀 마리아가 그리스도를 잉태한다고 알려준 사실을 까맣게 잊고 있었던 것이다.

예수가 선생들과 가르치고 토론하고 있을 때 사흘 만에 요셉과 마리아가 예수를 발견하고 "아가 어찌하여 우리에게 이렇게 하였느냐? 보라 네 아버지와 내가 근심하여 너를 찾았노라"라고 하였다. 이에 예수는 "어찌하여 나를 찾으셨나이까? 내가 아버지 집에 있어야 할 줄을 알지 못하셨나이까?"라고 원망 어린 대꾸를 하였다. 이 말 가운데는 자신을 버리고 간 부모에 섭섭함과 '내가 누구인데 당신들은 나를 이렇게 소홀히 대하는가!'라는 책망이 담겨있는 것이다.

II
예수의 구원 사역

1

예수의
잃어버린 30년

성서 사복음서에 보면 예수의 유소년기와 청년기 삶에 관한 내용이 없다. 왜 성서 기자들은 유소년기와 청년기의 예수 삶에 대하여 언급하지 않았을까? 공생애 이전까지의 삶이 메시아로서 내세울 것이 별로 없어서 그랬을까? 아니면 이때의 삶에 대한 자료가 없어서 그랬을까? 혹은 일부 학자들의 주장처럼 이 시기에 인도에 유학 중이라서 그랬을까? 성서의 연구자들이나 독자들에게 의문이 아닐 수 없다.

첫 번째 가정은 상당히 일리가 있는 말이다. 나사렛 예수의 소년기와 청년기는 일반 사람과 비교해도 별로 두드러진 것이 없었다. 그는 목수의 아들로 태어나 아버지의 가업을 이어받아 일했다고 알려졌다. 성서 기자들은 예수의 부친 요셉이 일찍 세상을 떠난 후 그의 가업을 이어받아 목수 일을 했던 예수의 삶을 의도적으로 전하지 않았을 것으로 볼 수 있다. 그 당시 갈릴리 지방의 상황으로 볼 때 예수가 공부하거나 은거하여 수행에 전념했다고 보기는 어렵다. 그저 고향 나사렛이나 갈릴리 수도 세포리스에 가서 일용직으로 일했을 것으로 보는 것도 일리가 있다. 사복음서의 기자들은 이렇게 초라한 예수의 삶을 의도적으로 누락했을 것이라고 본다. 특별하게 내세울 것이 없는 유소년기와 청년기의 행적을 의도적으로 누락했다고 보는 것이 상당히 설득력 있는 주장이다.

두 번째로 예수의 유소년기와 청년기의 삶에 대한 자료가 없어서 이때의 삶을 기록하지 못했을 것이라는 가설도 신빙성 있는 것이다. 예수의 십자가 죽음 후 약 70년에서 100년 사이에 성서가 기록되었다. 당시의 정황으로 볼 때 예수에 대한 자료가 남아있을 리가 없다. 복음서의 기자들은 예수의 생애를 목격하지 못한 사람들이었다. 구전이나 편편이 기록된 예수의 어록에 의지하여 복음서를 구성하였기 때문에 유소년기와 청년기 예수의 행적에 관한 내용이 없는 것이다.

　유소년기와 청년기 예수의 생애에 대해 자세하게 전할 수 없었던 또 다른 이유는 예수 십자가의 죽음 후 곧 재림할 것으로 믿었기 때문이다. 종말론적 신앙을 가진 예수의 제자들은 굳이 예수의 행적을 기록으로 남길 필요가 없었다. 그러나 다시 오리라고 한 메시아는 오지 않고 세월이 흐르면서 예수에 대한 기억들이 사라져가고 있었다. 초대 기독교인들의 2세와 새로 전도된 신자들을 교육하기 위한 자료가 필요했고, 예수의 복음과 예수의 유지(遺志)를 받들기 위해서 성서의 필요성이 제기된 것이다. 그러면서 확실한 자료가 없는 예수의 젊은 시절 생애를 의도적으로 누락하게 되었을 것이다.

　셋째로 예수가 젊은 시절에 갈릴리 지방에 부재한 것은 인도 유학 중이었기 때문이라는 가설이다. 일부 학자들은 예수가 13세에 인도에 유학해서 30세까지 공부하고 수행을 했다고 주장한다. 민희식은 그의 저서 《법화경과 신약성서》에서 예수는 인도와 티베트에서 불교 공부와 수행을 했다고 주장한다. 그는 예수가 병을 고치고 영적 치유능력을 가졌던 것도 인도와 티베트에서 배운 민간요법이라고 했다. 외국 학자중에 엘리자베스 프로펫트의 《예수의 잃어버린 생애》, 홀거

케르 세텐의 《인도에서의 예수의 생애》 등의 저서에서도 예수가 젊은 시절에 인도에서 공부하고 수행했으며 복음도 전했다고 주장한다. 그러나 이 가설을 뒷받침할 수 있는 자료는 성서에서 찾아볼 수 없다.

성서의 많은 내용이 불교 경전의 내용과 같거나 비슷하다고 해서 예수가 인도에서 공부하고 수행을 했다고 단정하기는 어렵다. 깨달은 성인들의 사상은 공통점이 많을 수밖에 없다. 성인들은 사물의 현상과 이치를 꿰뚫어 볼 수 있는 지혜가 있기 때문이다. 자연의 이치나 인간의 도덕률은 같다. 이를테면 예수와 이순신 장군이 '죽고자 하는 자는 살고 살고자 하는 자는 죽는다'라는 똑같은 말을 했다고 해서 이순신 장군이 기독교 신자였다고 말할 수 없는 것과 같다.

물론 예수가 당시 불교를 전혀 몰랐다고 단정하기도 어렵다. 당시의 갈릴리 수도 세포리스에는 동양의 무역상들이 드나들었기 때문에 그들로부터 불교에 관한 이야기를 전해 들을 수 있었다는 것은 그렇게 허황된 상상은 아닐 것이다.

예수의 젊은 시절 활동에 대해 성서에 소개되지 않는 확실한 이유는 유대 지도자들이 예수를 메시아로 믿지 않았기 때문이다. 만약 예수를 메시아로 믿었다면 히브리어나 그리스어를 구사할 수 있었던 그들이 예수에 대하여 기록하지 않았을 리가 없다. 당시 팔레스타인 지역의 보통 사람들 97%가 글을 읽거나 쓸 줄 몰랐다고 한다. 예수를 따르던 제자들 역시 가난한 천민 출신으로 문맹자였다. 비록 그들이 예수를 메시아로 믿었어도 그의 생애에 대하여 기록할 수 없었다. 예수의 생애를 기록할 수 있었던 사람들은 제사장, 율법사, 랍비 등 유대 지도자들이었다. 그러나 예수에 대하여 적대시했던 그들이 예수의 생애를 기록할 리가 없었다.

예수 십자가 죽음 후에도 일부 기독교 신도들 외에는 예수를 메시아로 인정하지 않았다. 당시에 메시아사상이 성행해서 자칭 메시아라고 주장하는 사람들이 많았었다. 유대인들에게 예수는 당시에 자칭 메시아라고 주장했던 사람들 가운데 한 사람일 뿐이었다. 사람들은 예수도 그러한 부류의 한 사람으로 알았을 것이다. 그러니 예수의 행적을 꼼꼼하게 기록할 수도 없었고 글을 알았다고 하더라도 기록할 필요성을 느끼지 못하였다.

사도 바울은 예수 십자가 죽음 직후 회심하여 기독교인이 된 사람이다. 그는 그리스어를 구사할 수 있었고 헬라 사상에도 밝은 열렬한 유대교인이었으며 로마의 관원이었다. 바울 역시 예수가 곧 재림할 것을 믿었기 때문에 예수의 생애를 기록하지 않았다. 다만 그는 전도를 위해 로마서, 고린도서, 갈라디아서 등 많은 서신을 남겼다. 바울은 이 서신서들로 기독교를 세계화하는 공헌을 하게 되었다. 하지만 바울 서신에서 예수의 정신과 사상은 전했지만, 예수의 생애에 대한 기록은 없다. 그도 역시 예수의 재림이 곧 이루어질 것으로 믿었기 때문에 굳이 예수의 생애를 기록할 필요성을 느끼지 못했을 것이다.

2
예수는
결혼을 못한 것인가

　　인간 시조 아담과 이브가 타락하지 않았더라면 그들은 인류의 조상이요 인류의 부모가 되었을 것이다. 그리고 구세주 메시아는 지상에 오시지 않아도 되었다. 환자가 없다면 의사가 필요 없는 것처럼, 인류가 타락하지 않았다면 구원해 줄 구세주도 필요 없는 것이다. 인류를 구원하기 위해서는 아담을 대신할 인물이 있어야 하는데 그 인물이 바로 예수 그리스도다. 예수는 아담을 통해 이루려고 하였던 하나님의 나라를 이루기 위해 오신 분이다. 그래서 바울은 예수를 둘째 아담이라고 하였다(고린도전서 15:45).

하나님의 창조 이상은 아담과 이브가 지상 에덴동산에서 하나님의 가정을 이루고, 사회를 이루고, 세계를 이루어 지상에 하나님의 나라를 건설하는 것이었다. 하나님은 아담과 이브를 지으시고 그들에게 "생육하고 번성하여 땅에 충만하라"(창세기 1:28)라고 축복하셨다. 아담과 이브가 각각 자아를 완성하여, 가정을 이루고, 만물 세계를 주관하라는 뜻이다. 이 말씀이 곧 하나님의 인간 창조목적이지만 인간에게는 존재목적이 된다.

하나님은 아담과 이브에게 가정을 이루라는 축복의 말씀을 하셨던 것처럼 하나님의 독생자로 오신 예수도 당연히 지상에 예비 하신 독생녀를 맞이하여 결혼했어야 했다. 예수가 가정을 이루어 선의 자녀를 번성하여 선의 가정을 이루고, 나라를 이루어 하나님 나라의 조상이 되어야 하는 것이 하나님의 뜻이요, 예수의 지상 강림의 목적이다. 예수는 지상에 하나님의 가정과 사회를 이루어 실체적인 하나님의 나라 조상이 되어야 했다. 예수는 참사랑과 참생명과 참혈통의 근원이 되셔야 할 분이었다.

일찍이 구약시대 전도자는 "일천 남자 중에서 하나를 얻었거니와 일천 여인 중에 하나도 얻지 못하였느니라"(전도서

7:28)라고 예언하였다. 이는 예수에 대한 예언이다. 하나님은 예수를 메시아로 보내셨지만, 그의 배필은 지상에서 찾아야 했었다. 지상에서 독생녀를 만나 메시아의 자녀를 생산하는 것이 하나님의 뜻이다. 예수에게 배필을 찾아주는 것은 육신의 어머니 되는 마리아의 몫이었다. 그러나 마리아는 남의 집 결혼 잔치는 도왔을망정 예수의 결혼에 대하여는 신경을 쓰지 않았다.

하나님의 뜻으로 보면 예수는 분명히 결혼했어야 했다. 그러나 성경에는 예수가 결혼하여 가정을 이루었다는 흔적은 없다. 그렇다고 그가 결혼하지 않았다는 증거도 없다. 그는 독신으로 살다가 십자가에서 최후를 맞이했다는 것이 정설이다. 다만 그의 주변에 막달라 마리아와 베다니의 마리아라는 두 여인이 가까이 있었음을 볼 수 있다.

기독교 역사에서 예수가 결혼했다는 상상이나 언급은 철저하게 이단시 되었다. 예수가 결혼했어야 했다는 주장은 예수에 대한 모독이요 하나님에게 불경이 된다. 그것은 예수의 성스러움을 강조하거나, 예수를 인류와 우주적 결혼을 하신 분으로 내세우기 위함이다. 기독교에서는 예수는 일개 범부(凡夫)가 아니고 하나님의 몸을 쓰신 인류의 구세주로 믿는다.

그런 성스러운 분이 세상 사람과 똑같이 결혼하고, 부부생활을 하고 자녀를 낳아 가정을 갖는다는 상상이나 주장은 이단으로 정죄 될 수밖에 없다.

예수에게 묻고 싶다. "과연 당신은 결혼하고 싶은 생각이 없었는가?"라고. 한 남성으로 30살이 되어도 여인에 대한 정념(情念)이 없다면 그를 온전한 사람이라고 할 수 없을 것이다. 물론 오늘날 결혼으로 구속받는다는 생각에 결혼하지 않는 독신주의자가 많다. 그러나 결혼하지 않더라도 여인을 가까이하고 싶지 않고 정념도 느끼지 못한다면 그를 정상적인 남자로 볼 수 있겠는가? 사람이 이성(異性)을 보면 마음이 끌리는 것이 하나님의 창조원리이다. 예수도 인간이며 신이다. 그도 결혼하고 싶었을 것이다. 그리고 예수를 연모하던 여인도 있었다. 예수의 십자가 수난 전 예수의 발에 향유를 붓고 머리로 닦았던 여인이 있었다(마가복음 14:3-9). 돌아가신 후 돌무덤에 맨 먼저 찾아가 예수의 죽음에 애통하고 눈물 흘렸던 사람들도 여인들이었다(마태복음 27:52-57).

성서에 예수의 결혼 의지를 잘 보여준 것이 가나의 혼인 잔치 현장이다(요한복음 2장 3절-4절). 이 현장에 예수와 그의 제자들이 초청을 받았고 그의 모친 마리아도 그곳에 있었다.

혼인 잔치 진행 중 마리아는 예수에게 포도주가 떨어졌으니 준비해달라고 한다. 이때 예수는 "여자여 나와 무슨 상관이 있나이까? 나의 때가 아직 이르지 못하였나이다"라고 대답하였다. 이 성구를 곰곰이 새겨보면 예수의 결혼에 관한 입장을 어느 정도 유추해 볼 수 있다. 왜 그는 어머니를 "여인이여"라고 호칭했을까? 왜 "아직 제 때가 이르지 않았습니다"라고 하였나?

이 말 속에는 예수의 어머니에 대해 섭섭함과 원망의 마음이 묻어 있다. 가나의 혼인 잔치에서 일을 돕고 있는 어머니에게 '남의 결혼 잔치에 간섭하지 말고 자기 자식 결혼이나 준비하라'라는 뜻이 담겨 있다. 일부 성서학자 가운데 이 가나의 혼인 잔치가 예수의 결혼 잔치였다고 주장하기도 했다.

예수의 결혼에 관한 이야기가 미스터리로 남았기 때문에 픽션을 다루는 소설가들에게는 좋은 이야깃거리가 아닐 수 없다. 1982년 출판된 마이크 베이전트, 리처드 레이, 헨리 링컨 등에 의해 쓰인 소설 《성혈, 성배》에서 예수가 십자가에 달려 죽지 않고 막달라 마리아와 프랑스로 도망하여 자녀들을 낳고 84세까지 살았다고 이야기를 전개하고 있다. 댄 브라운의 소설 《다빈치코드》에서 역시 예수가 결혼했는데 부인이 잉태하여 딸을 가졌다고 한다. 그리고 예수의 십자가 죽음 후 유복자를 임신한 막달라 마리아가 프랑스로 도주하여 딸을 낳았고 그 후손들이 현존한다는 것이다. 그러나 성서에는 예수가 결혼했다는 아무런 흔적이 없다.

3

메시아로서의 소명과
구원 사역의 출발

예루살렘 성전에서 예수와 토론하던 상대들은 랍비, 즉 유대교의 선생들이다. 그들을 상대로 예수가 질문도 하고 대답도 하였다고 하였다. 선생들은 예수의 총명함과 지혜를 보면서 그의 대답을 기이하게 여겼다고 하였다. 예수는 이때 자신이 메시아라는 자각과 메시아로서의 소명을 키웠을 것이다. 사회에 대한 부조리와 당시 로마의 왕과 관원, 유대교 제사장과 교법사들의 착취와 억압의 실상을 목격하면서 백성들에 대한 사랑과 연민이 발현되었을 것이다. 예수는 정규교육기관에서 공부하지 않았지만, 지혜의 근원이신 하나님의 뜻과 심정에 대한 깨달음이 있었기에 구세주에 대한 소명을 갖게 된 것이다.

예수 그리스도의 메시아로서 출발은 세례 요한으로부터 세례를 받는 데서 출발한다(마태복음4:14). 세례를 받는 자리에서 하늘이 "이는 내 사랑하는 아들이요 내 기뻐하는 자라"(마태복음3:17)고 증거한다. 예수 그리스도가 세례 요한에게 세례를 줘야 할 텐데 역으로 세례 요한에게서 세례를 받는다는 것은 성서 해석의 난해한 문제 중 하나다. 세례 요한은 예수보다 6개월 먼저 태어났고 예수보다 먼저 구세 사업을 시작했다. 그는 사람들이 오리라고 예언된 그리스도 혹은 엘리야라고 믿을 정도로 수행과 인격을 갖춘 선지자였다. 세례 요한은 겸손하게도 자신은 그리스도 혹은 엘리야도 아니고 "주의 길을 곧게 하라고 광야에서 외치는 자"(요한복음 1:23)라고 하였다.

예수가 세례 요한으로부터 세례를 받는 것은 사명 인계 인수식이다. 세례 요한은 그동안 자신이 닦아놓았던 선교의 기반을 예수에게 인계하고 자신은 예수의 수제자가 되어야 했다. 세례 요한의 아버지 사가랴는 천사로부터 그의 아내가 잉태된다는 것과, 그의 아내가 낳을 자는 장차 주 앞에 큰 자가 될 것이며, 주를 위해 세운 백성을 예비하리라는 계시를 받았다(누가복음 1:8-23). 그리고 세례 요한 자신도 자신은 그리스도가 아니고 "내 뒤에 오시는 이는 나보다 능력이 많으시고 나는 그의 신을 들기도 감당치 못하겠노라 그는 성령과 불로 너희에게 세례를 주실 것이다"(마태복음 3:11)라고 예수를 증언하였다.

그러나 예수의 공생애 초기 세례 요한은 예수가 그리스도 임을 증거하였으나, 자신이 쌓았던 기반을 예수에게 넘기지 않았다. 그의 인간적인 욕망 때문에 자신의 지위와 권한을 넘기지 않고 자신의 길을 가게 된 것이다. 아마도 세례 요한은 예수가 자신의 제자로 남아서 같이 선교에 동참해 주기를 바랐을지도 모른다. 그는 예수를 한 사람의 경쟁자요, 당시의 유행했던 메시아니즘 집단의 우두머리 정도로 취급한 것 같다.

세례 요한의 제자가 "예수가 많은 사람에게 세례를 준다"라고 하니 요한은 "그는 흥해야 하고 나는 쇠해야 하리라"(요한복음 3:30)고 하였다. 이 말을 듣고 '세례 요한이 참 겸손한 사람이구나!'라고 생각할 수도 있지만, 이는 예수가 행하는 일에 동참할 수 없는 자신을 분명히 한 것이다. 주의 길을 예비하러 온 사람이라면 주님과 같이 죽고 살아야 하는 것은 당연한 이치다. 세례 요한은 광야에서 메뚜기와 석청을 먹으면서 깊은 수행을 했고 전도에도 성공적이었다. 그러나 그리스도에 대한 모심의 사명을 못 함으로써 비참한 죽음을 맞이하는 신세가 되었다. 당시 헤로데 왕의 재혼문제에 관여하다가 옥에 갇히는 신세가 되었다. 그리고 헤로데의 조카의 요구에 목이 잘려 쟁반에 올리는 치욕적인 죽음에 이르게 된 것이다.

만약 세례 요한의 선교 기반을 예수가 이어받았더라면 순탄하게 메시아로서 구원 사역의 길을 갈 수 있었을 것이다. 세례 요한이 예수를 모시고 다니며 사람들에게 '이분은 내 스승이요 메시아입니다'라고 증거하며 다녔다면 예수가 자칭 유대인의 왕이라는 죄를 쓰고 돌아가시지 않았을 것이다. 그러나 세례 요한의 불신으로 예수 자신이 스스로 메시아를 위한 험난한 길을 개척하며 메시아를 위한 기대를 세워야 했다.

예수는 가정과 유대교가 자신을 유대의 메시아로서 활동할 수 있는 기반을 세워주기를 기다렸다. 특히 유대교의 기반 위에 메시아로 등장하기를 바랐으나 제사장, 교법사, 율법

사는 그를 메시아로 인정하지 않았고 오히려 그를 핍박하는데 앞장섰다. 누구보다도 예수보다 먼저 태어나 구원 사역을 시작했던 세례 요한이 닦아놓았던 기반을 물려주어야 했다. 그러나 예수의 가정, 유대교, 세례 요한은 그가 메시아임을 증거 받고도 메시아로 믿고 모시지 못하였다. 예수는 30세가 되도록 절치부심하며 인류의 구세주 메시아로서 등극할 날을 기다렸지만, 그 대망의 한 날은 30세가 되어도 오지 않았다.

예수는 스스로 메시아로서의 기반을 닦고 등장할 수밖에 없는 상황이 되었다. 그는 광야에서 40일 금식기도와 명상으로 출발을 위한 섭리를 하였고, 이 섭리를 위해 사탄의 세 가지 시험을 받아야 했다. 만약 유대교가 예수를 메시아로 받아들이고 그를 모셨더라면 메시아가 어째서 금식하고 사탄의 시험을 받았겠는가? 이는 세례 요한이 닦아놓았어야 할 메시아를 위한 기반을 예수 스스로 닦기 위함이었다.

사탄의 세 가지 시험 중 첫째는 "이 돌들이 떡이 되게 하라"(마태복음 4:4)이고, 둘째는 "성전 꼭대기에서 뛰어내려라"(마태복음 4:6)이며, 셋째는 "내게 엎드려 경배하면 이 모든 것을 네게 주겠다"(마태복음 4:9)였다. 이 세 시험은 우리 신앙인들이 넘어가야 할 세 가지 시험이다. 즉 경제적인 시험, 명예에 관한 시험, 권력에 대한 시험이다. 예수는 삼대 시험을 무사히 통과하고 승리함으로 메시아로서 출발을 위한 섭리를 할 수 있었다.

'어떻게 사탄이 예수 그리스도를 시험할 수 있는가? 왜 하나님은 이러한 사건을 용인하였는가?'는 오늘날까지도 기독교가 풀지 못할 사건이다. 그것은 세상의 주권자로 오신 메시아임을 사탄으로부터 인정받기 위함이다. 그동안 세상을 지배했던 사탄을 굴복시키기 위한 통과의례와 같은 사건이다. 마치 야곱이 얍복강에서 천사와 씨름하여 승리함으로 '이스라엘(승리자)'이라고 인정받은 사건과 같은 의미가 사탄의 3가지 시험 사건이다.

인간 조상의 타락으로 세상은 사탄의 지배하에 놓이게 되었다. 그래서 성서에서는 사탄은 세상의 신이요(고린도후서 4:4), 임금이라고 하였다(요한복음 12:31). 세상을 지배하던 사탄이 아무런 조건 없이 예수에게 세상을 내어줄 리가 없다. 하나님도 예수 스스로 이 사탄의 시험에 승리하여 메시아로 등장하기를 바라셨다. 그래야 예수 그리스도의 등장에 대한 사탄의 참소가 없을 것이기 때문이었다.

사실 예수는 예루살렘에 입성하기 전까지는 제자들에게 자신이 그리스도임을 아무에게도 말하지 말라(마태복음 16:20)고 하였다. 이는 사람들이 자신을 믿을 수 있는 기반 없이 메시아로 알려지게 되면 많은 박해가 있을 것을 아셨기 때문이다. 메시아 강림의 비밀을 말하지 말라고 하였던 예수가 예루살렘 입성을 놓고 공식적으로 자신이 메시아임을 밝히게 되었다. 예수가 자신이 메시아임을 처음으로 밝히신 것은 예루살렘에 입성하는 사건에서부터이다. 예수는 예루살렘에 입성하면서 제자들에게 나귀를 끌어오라고 하시며 "누가 무어라고 하면 주님이 쓰시겠다고 말하라"(마태복음 21:3)라고 하였다. 자신을 주님이라고 밝히라는 말이다. 예수에 대한 유대인들의 핍박은 이때부터 시작되었다.

예수는 메시아로서의 출발을 위한 섭리를 마치고 일찍이 예비되었던 예루살렘 왕궁에 위풍당당하게 입성을 하셔야 했다. 그러나 소수의 제자만 뒤를 따르고 뒤뚱거리는 나귀 새끼를 타고 예루살렘에 입성하신다. 제자들이 옷을 벗어 예수의 앞길에 깔고 종려나무 잎을 흔들며 "호산나", 즉 "구원하소서!"를 외쳤지만 그들의 외침은 공허한 외침일 뿐이었다. 만약 그 나라 지도자들과 유대교인들이 예수를 믿고 모셨더라면 어찌 이렇게 초라한 왕의 행차가 있었겠는가! 이 예루살렘의 입성은 예수 고난행렬의 출발임을 예고한 장면이다.

예수가 예루살렘에 입성하여 처음 하신 일이 성전 청소 사건이다. 성전에서 돈 바꾸는 상인, 비둘기를 파는 상인들을 내쫓으시며 당당히 내가 이 성전의 주인이라고 하였다. 성전 안과 밖에 있는 상인들은 제사용품과 희생 제사에 바칠 제물을 파는 사람들이었다. 그들은 순례자들을 위해 환전을 해주고 제단에 올릴 제물을 파는 상인들이다. 성전의 주인이요, 왕과 제사장의 위치에 있는 예수 그리스도를 몰라보고 돈벌이에 정신없는 그들을 보았을 때 예수의 분노가 폭발한 것이다.

4
예수의 선교활동 무대
갈릴리

예수는 공생애 3년 기간 중 2년간은 예루살렘에 입성하지 못하고 주로 이스라엘 변방인 갈릴리 지역에서 활동하였다. 성인(聖人)들은 헐벗고 가난하며 지도자의 착취로 인해 고난받는 사람들이 사는 지역에서 탄생하는 것 같다. 인도에서 많은 성인이 탄생한 것처럼 말이다. 환자가 있는 곳에 의사가 필요한 것처럼 고난과 고통에 시달리는 곳에 구세주 메시아가 필요하다. 예수가 헐벗고 수탈당해 고난받는 땅 갈릴리에서 태어나 복음을 전달한 것도 이런 이유에서다.

갈릴리는 당시 '열심당'이라고 하는 젤롯(Zealot)이 가장 많이 활동하던 지역이었다. 젤롯은 로마의 압제로부터 독립운동을 하던 혁명세력들을 말한다. 로마의 압제와 통치에서 벗어나고자 하는 혁명세력의 온상지였다. 이러한 갈릴리 땅은 당시 유대를 통치하던 분봉왕이나 총독들에게 눈엣가시였다. 그래서 갈릴리를 점령해야만 왕이나 총독이 명실상부한 유대의 통치자가 되는 것이다.

유대 지역 도시 상류층 사람들은 갈릴리 사람들을 무시하고 경멸하였다. 당시에도 농업이나 어업을 천한 직업으로 여겨 이들을 천민 취급을 하였다. 이렇게 무시당하고 멸시받던 갈릴리 사람들이 당시의 왕과 제사장을 존중하고 그들에게 고분고분할 리가 없다. 이들은 로마에서 임명한 유대의 왕과 유대 지도자들에게 항거하고 끊임없는 독립운동을 전개하였다. 그 대가로 심한 박해와 핍박을 면치 못하였다.

유대의 분봉왕 헤로데를 뒤이어 안티파스가 왕으로 등극하면서 비교적 갈릴리에 대한 관용의 통치가 이루어졌다. 안티파스는 갈릴리에 직접 거주하면서 이 지역을 통치하였다. 그는 이 지역의 종교적 성향을 수용했고 어느 정도 자치권을 인정하였다. 안티파스는 갈릴리 지역의 수도인 세포리스와 갈릴리 해안에 티베리아스 도시를 건설하였다. 이 두 도시가 건설되면서 빈부의 격차가 커졌고 주민들은 상류층과 하류층으로 구분되었다. 기존의 농업과 어업을 하던 하류층의 사람들은 부유층의 생활을 뒷바라지하는 신세로 전락한 것이다. 땅값이 오르고 세금이 오름으로 빚은 늘어가고 농어민의 삶은 더 피폐하게 되었다. 갈릴리의 전통적인 생활방식이 사라지고 새로운 의식과 문화가 일어나게 된 것이다.

예수는 잠시 자신이 태어나고 자란 갈릴리 지역을 떠나 유대에서 세례 요한으로부터 세례를 받고 메시아로서의 활동을 할 수 있을 것인가를 탐색하다가 갈릴리로 돌아왔다. 이때의 갈릴리는 예수가 자라고 성장했던 갈릴리와는 다른 모습이었다. 넓은 농토와 기름진 초원에 양들이 뛰노는 목초지였던 곳이 헬라문화화 된 도시로 변하였다. 빈부의 차가 격심하게 되었고 부정과 불법이 판치는 도시가 되었다.

예수는 갈릴리의 조그만 마을 나사렛에서 자랐다. 그래서 예수를 나사렛 예수라고 부른 것이다. 나사렛은 인구 100여 명밖에 되지 않는 조그만 도시였다. 그는 나사렛에서 아버지 목수 일을 도우며 어린 시절을 보냈다. 성서에 의하면 요셉은 일찍 죽은 것으로 보인다. 요셉은 예수의 탄생 설화에 등장했다가 그 후의 생애에 대해서는 언급되지 않고 있다.

예수는 가족의 생계를 위해 아버지가 하던 일을 도왔을 것이다. 그러나 당시 나사렛에서 목수가 할 수 있는 일이 그렇게 많지 않았다. 대부분 흙으로 지은 토담집이거나 흙벽돌집이었기 때문이다. 목수가 할 수 있는 일은 문짝이나 창문을 짜는 일이 전부였을 것이다. 따라서 예수의 가족 생계가 무척 궁핍했을 것이라고 본다.

당시에 갈릴리 수도는 나사렛에서 가까운 세포리스였다. 세포리스에 약 4천500명을 수용할 수 있는 극장이 있었다고 하니 도시의 규모가 얼마나 큰 것이었는가를 짐작할 수가 있다. 세포리스는 잘 정돈된 도로와 관개 시설이 되어 있었고 주택도 대부분 석조건물이었다. 나사렛 사람들은 이 세포리스에 가서 일하고 품삯으로 생계를 유지하는 사람들이 많았다. 예수 역시 세포리스에 가서 목수 일을 했을 것으로 추측해 볼 수 있다.

예수가 태어난 당시의 세포리스는 혁명과 폭도들에 의해 많이 파괴되었던 도시였으나 안티파스 분봉왕이 이 도시에 들어와 파괴된 도시 재건이 이루어졌다. 따라서 나사렛 사람들은 이 도시의 건설을 위해 일용직으로 일하게 되었다. 예수 역시 공생애 출발할 때까지 이 도시에서 일하며 복음을 전파하고자 하는 계획을 세웠을 것이다.

예수는 세포리스에서 세상을 배웠다. 세포리스는 국제적인 도시로 그리스계의 사람들, 유대교의 사람들, 또 동방으로부터 온 상인들이 함께하는 도시였다. 예수는 그들의 사상과 문화도 접하게 되면서 사유했을 것이다. 예수가 불교를 공부했다는 추측도 아마 이때 인도에서 들어온 상인들로부터 전해 들은 불교에 대한 지식 때문일 것이다. 예수는 이 도시에서 가난한 자와 부자들의 생활을 목격했고 가진 자들의 착취와 횡포를 목격하면서 의분심(義奮心)을 키웠다. 그리고 이 의분심 때문에 예수는 메시아의 길을 자각하게 된 것이다.

예수가 활동하던 당시의 이스라엘 땅은 로마 제국의 지배 아래 있었다. 북부는 갈릴리, 중부는 사마리아, 남부는 유다로 지역이 구분되었고, 그 외에 지방은 유대인과 이방인이 혼재하며 사는 지역이었다. 유다, 예루살렘, 갈릴리, 이두매아 등은 유다인의 지역이고 북쪽지방 베레아, 띠로, 시돈은 디아스포라 유다인과 이방인이 사는 지역이다. 그리고 사마리아 땅은 유대인들이 포로로 끌려가서 고통을 받을 때 사마리아에 남아, 침략자들에게 부역하고 결혼하여 유대인의 피를 더럽혔다는 죄로 유대인들로부터 적대와 멸시를 받던 사람들이 살았다.

보통 갈릴리 유대인들이 유대 땅에 있는 예루살렘에 가기 위해서는 중간지역 사마리아 땅을 통과해야 한다. 그러나 유대인들은 이방인과 혈통을 섞은 사마리아인들을 진정한 유대인으로 보지 않았다. 이런 이유로 유대인들은 사마리아 땅을 통과하지 않고 먼 길로 돌아서 예루살렘에 다녔다. 그러나 예수는 사마리아 땅을 통과하다가 우물가의 여인들에게 말을 걸었고 강도를 만나 죽게 된 사람을 돌보는 선한 사마리아인의 이야기를 전하기도 하였다.

예수의 부모는 갈릴리 나사렛 사람이었다. 성서에 예수는 그의 고향 나사렛에서 태어나지 않고 베들레헴에서 출생한 것으로 기록되었다. 예수의 탄생년도와 출생지는 정확하게 고증할 수가 없다. 그러나 마태복음과 누가복음 기자는 예수의 탄생지를 베들레헴으로 전하고 있다.

이는 성서 기자들이 예수 탄생지의 사실을 말하려는 의도보다 구약성서에 '예수는 다윗의 후손으로 베들레헴에 태어난다'(미가서 5:2)라는 예언에 맞춘 것이라고 보는 견해가 많다. 누가복음서에는 요셉과 마리아가 유대 땅에 호적을 신고하러 가다가 베들레헴에서 예수를 출산한 것으로 기록하고 있다. 당시 헤로데 왕 시절에 전체 유대인들에게 호적을 신고하게 했다는 것은 역사적 사실로 고증되었다.

성서에 보면 예수는 주로 갈릴리호숫가를 중심으로 복음을 전파한 것으로 나타난다. 제자들도 대부분 이곳 출신들이었다. 예수가 갈릴리 지역에서 놀라운 이적과 치유의 능력을 행하므로 갈릴리 사람들뿐만 아니라 유다, 에돔, 띠로, 시돈, 요르단강 건너편 등에서 사람들이 갈릴리로 찾아온 것이다. 예수에게는 유다인과 이방인 심지어 유대인이 적대시했던 사마리아인까지 구원의 대상이었다.

예수가 예루살렘에서 활동한 것은 아주 짧은 기간이었던 것 같다. 예수의 예루살렘에서의 활동은 12살 때 성전에서 지도자들을 가르치고 논쟁했다는 이야기, 예루살렘 성전 청소, 그리고 나귀를 타고 예루살렘에 입성하는 사건 등이 성서에서 전하는 예수의 예루살렘 활동의 전부다. 예수는 생애 마지막에 예루살렘에 입성하여 성전에서 가르치고 그 도시에서 이단으로 몰려 십자가에 돌아가셨다.

예수는 스스로 세운 출발의 기대인 갈릴리에서 인류 구세사업을 시작했다. 그의 첫 번째 외침은 "회개하라 천국이 가까이 왔느니라"(마태복음 4:17)였다. 그는 하나님의 나라를 성취할 구세주임을 선포하고 이 구세 사업에 동참하라고 외쳤다. 그러나 예수를 따른 자들은 유대의 지도자들이 아니고 당시 천대받고 소외되었던 어부, 세리, 열심당원 그리고 병들고 가난한 백성들이었다.

예수의 첫 행보는 이러한 병들고 소외된 자들에 대한 보살핌이었다. 예수가 성령의 능력으로 그들을 치료하고 위로하니 소문을 듣고 각색병, 귀신들린 자, 간질 환자, 중풍병자 등 병들어 지친 자들이 찾아왔다(마태복음 4:24). 예수의 사명이 바로 이렇게 병든 자를 고치고 이적을 행하는 것이었던가? 그렇지 않다. 준비된 자들이 예수를 환영하지 않고 박해하니 이러한 치유와 기적의 능력을 보여서라도 자신을 구세주로 믿게 하려고 했던 것이다.

예수는 본격적인 복음 전도를 위해 열두 제자를 택하시고 그들에게 메시아의 강림과 천국이 가까웠음을 증거하라고 하였다. 그가 제자들에게 최초로 설파한 복음이 산상수훈이다(마태복음 5장). 갈릴리호숫가 산상에서 제자들을 모아놓고 그가 전하고 싶었던 복음을 전파하였다. 여기에서 여덟 가지 복 받는 길과 구약의 율법에 대한 그의 견해를 가르쳤다. 그는 "율법이나 선지자나 폐하러 온 것이 아니요 완전케 하려

함이요"라고 하였다. 예수는 산상수훈을 기록한 마태복음 5장 마지막에 "하늘에 계신 너희 아버지의 온전하심과 같이 온전하라"(마태복음 5:48)라는 말씀으로 끝낸다. 신앙의 최종 목표는 하늘 아버지를 닮아 하늘 아버지처럼 온전하게 되는 것이다. 예수는 바로 우리를 하늘 아버지의 온전하심같이 온전하도록 이끌어주는 지도자로서 출발하게 되었다.

5

핍박과
박해

예루살렘에 입성한 그리스도 예수는 거침없이 불의와 싸웠고 지도자들의 위선과 폭정을 성토하였다. 특히 서기관과 바리새인들과 같은 유대 지도자들에게 독설과 저주에 가까운 심한 꾸중과 책망을 하였다. 겉치레와 불법을 저지르는 서기관과 바리새인들에게 "뱀들아 독사의 새끼들아 너희가 어떻게 지옥의 판결을 피하겠느냐"(마태복음 23:33)라는 심한 욕설을 하였다.

그는 자주 예루살렘 성전을 방문하였다. 예루살렘 성전은 예수를 위해 준비했던 집이다. 예수는 당당히 성전을 내 아버지의 집이라고 하였고 자신이 성전의 주인임을 주장하였다. 하루는 성전 안에서 장사하는 사람들을 향해 "내 아버지 집을 장사하는 집으로 만들지 말라"고 꾸짖으며 성전에 있는 상품들을 내팽개치는 일도 있었다(요한복음 2:13).

예수의 가르침의 핵심은 '하나님의 나라'였다. 하나님의 나라가 가까웠음을 증거하였고 하나님의 나라 백성의 자격을 가르쳤다. 당시 예수를 따르던 제자들은 불학무식하고 멸시 천대를 받던 소외된 자들이었다. 이들에게 하나님의 나라를 형이상학적으로 설명한다는 것은 쉽지 않은 일이다. 예수는 그들의 눈높이에 맞춰 비유로 하나님의 나라를 설명하였다. 예수가 말한 하나님의 나라는 전부 비유로 말씀하신 것이다.

예수의 중요한 선교방법 중 하나는 치유 사역이었다. 의사는 아니지만, 성령의 능력으로 치유의 이적 기사를 행하였다. 눈먼 자를 눈뜨게 하고, 불치의 혈우병을 고치고, 중풍 병자를 낫게 하고, 앉은뱅이를 걷게 하셨다. 만약 유대 지도자들이 예수를 따랐다면 굳이 그런 이적 기사가 필요 없었다. 그런 일은 당시 무당이나 퇴마사가 할 일이었다. 물론 예수의 치유 사역은 병들고 힘없는 자들에 대한 연민에서 비롯되었다. 예수는 이런 이적 기사라도 행해서 사람들이 자신을 믿게 하려는 것이었다.

예수의 선교 활동에 대해 불편해했던 사람들은 유대의 제사장, 서기관, 장로들이었다. 자신들의 권위를 무시하고 위선을 폭로하였기 때문이다. 이들은 예수를 '율법을 폐하는 자' '자칭 구세주' '미혹하는 자' 심지어 '귀신의 왕 바알세불이 접한 자'라고 비난하였다. 급기야 71명의 유대 지도자들로 구성된 산헤드린 회의에서 예수를 없앨 방도를 모의했다. 이 회의에서 예수를 체포하기로 만장일치 가결을 한 것이다. 예수의 죄목은 그리스도, 즉 왕의 사칭이었다. 예수가 왕을 사칭하고 세상 사람들을 미혹했다는 것이다.

예수의 33년이라는 짧은 생애 노정은 수난과 핍박의 연속이었다. 하나님의 독생자로, 만왕의 왕으로 세상에 등장했지만 고립무원의 신세가 되었다. 그를 메시아로 대하고 모시는 사람이 없었기 때문이다. 비록 예수를 믿었던 사람들이 있었어도 당시 하층 계급의 신분에 있는 어부, 세리, 과부들과 같은 사람들이었다. 예수를 따르는 사람들의 행색을 보면서 당시 유대 지도자들이 예수를 따르고 싶은 생각이 들었겠는가! 예수가 자신을 믿게 하도록 이적과 기적을 행사하니 그를 귀신의 왕 바알세불이 접한 자라고 하였다.

"쿼바디스 도미네(주여 어디로 가시나이까)" 묻는 서기관에게 "여우도 굴이 있고 공중의 새도 거처가 있으되 오직 인자는 머리 둘 곳이 없다"(마태복음 18:19-21)라고 하였다. 이보다 더 당시 예수의 심정을 간절하게 토로한 말은 없을 것이다. 예수는 당시 지도자들에게 '지금 너희들은 어디로 가고 있는 가?'라고 묻는 것이었다. 하나님이 이스라엘 백성을 선민으로 세워 기나긴 세월 동안 준비하였던 것은 메시아를 맞이하기 위한 기반이었건만, 그들은 메시아를 몰라보고 오히려 조롱과 핍박을 하고 있으니 이 얼마나 참담한 심정이었겠는가! 그런 예수 그리스도에게 오늘날 그리스도를 믿는다고 하는 사람들은 어떤가? 십자가를 팔아서 부와 권세를 얻은 성직자들이 수만 명이요, 그런 예수에게 복 달라고 떼를 쓰는 기독교인들이 얼마나 많은가! 진정한 효자는 부모의 뜻을 알고 그의 한을 풀어주는 사람이다. 예수의 지상목표는 하나님의 나라 건설이다. 따라서 진정한 예수의 제자요, 하나님의 자녀는 예수의 뜻을 이어받아 지상천국 건설에 동참하는 사람들이다.

그래서 마태복음 7장 21절에 예수께서 "나더러 주여! 주여! 하는 자마다 다 천국에 들어갈 것이 아니요 다만 하늘에 계신 내 아버지의 뜻대로 행하는 자라야 들어가리라" 하였다. "그날에 많은 사람이 나더러 주여! 주여! 우리가 귀신을 쫓아내며 주의 이름으로 많은 권능을 행치 아니하였나이까? 하리니 그때에 내가 저희에게 밝히 말하되 내가 너희를 도무지 알지 못하니 불법을 행하는 자들아 내게서 떠나가라 하리니"라고 하셨다.

이 말씀은 예수의 재림 때 이루어질 말씀으로 오늘의 기독교 지도자들에 주는 경고다. 말씀을 전하는 권능으로 수만 명을 교회로 모으는 지도자가 있다. 또 치유의 역사를 통해서 불치의 병을 고치는 지도자도 부지기수이다. 그리고 성전에 모여, '주여! 주여! 돈복을 주십시오!' '권세의 복을 주십시오!' '우리 아들 일류 대학에 보내 주십시오!' '저의 불치병을 고쳐주십시오!'라고 부르짖는 수많은 성도가 있다. 이러한 기독교와 무당이 굿판을 벌여놓고 복을 파는 행위가 무엇이 다른가? 이것은 마치 빼앗긴 나라를 찾겠다고 독립운동을 하시는 아버지에게 돈 달라고 떼를 쓰는 자식과 같은 것이 오늘날 기독교인들이다.

예수는 재림 때 벌어질 현상을 말씀하시며 "무릇 자기 목숨을 보존하고자 하는 자는 잃을 것이요 잃는 자는 살리라"(누가복음 17:33)라고 하였다. 하나님의 나라를 위하여 목숨을 바친다는 결의를 가진 자는 살 것이라는 말이다. 그리고 17장 재림에 관한 말씀 마지막에 "주검이 있는 곳에 독수리가 모이느니라"라고 하셨다. 주검이 있는 곳에 독수리가 모인다는 것은 생명이 있는 곳에 주님이 다시 오신다는 말씀이다.

나 개인의 복을 빌러 교회 가는 자는 진정한 예수를 만날 수 없다. 주 예수 그리스도의 유지를 받들어 이웃을 사랑하는 사람들에게 주님이 함께하신다. 메시아로 오시는 주님도 구원이 필요한 사람들이 있는 곳에 오신다. 2천 년 전 오셨던 예수 그리스도와 마찬가지로 가난하고 소외된 자들과 함께하실 것이다. 그런 곳에서 작은 메시아의 역할을 하는 사람에게 주님은 다시 오실 것이다.

6

예수가 꿈꾼
하나님의 나라

'하나님의 나라'는 성서의 주제이고 기독교 신앙의 핵심이다. 예수의 가르침, 설교, 비유의 핵심적인 주제가 바로 하나님의 나라이다. 이는 예수 그리스도 탄생의 목적이 바로 하나님의 나라 건설에 있음을 말한다. 그는 복음의 제 일성으로 "회개하라 하늘나라가 가까워 왔다"(마태복음 4:17)라고 하였다. 이 말씀 이후 복음서에만 '하나님의 나라'가 63회가 언급되고 있다.

예수는 지상에 하나님의 나라 건설의 사명을 갖고 지상에 태어나셨지만, 유대인들의 불신으로 이 사명을 성취하지 못하였다. 다만 하나님 나라의 청사진을 제시하고 십자가에 돌아가신 것이다. 예수가 '내가 다시 오리라'라고 말씀하신 것은 초림(初臨) 때 못다 이룬 하나님의 나라 과업을 성취하기 위함이다.

기독교는 하나님의 나라 열쇠를 계승 받은 백성의 모임이다(마태복음 16:18-19). 기독교인이 된다는 것은 예수 그리스도를 믿고 그가 세운 하나님의 나라 백성이 되는 것이다. 바울의 말처럼 그리스도의 시민이 되는 것을 의미한다(에베소서 2:19). 기독교인이 된다는 것은 지상의 하나님 나라의 도래를 믿고 사후 천상에 이루어진 하나님의 나라에 들어간다는 믿음을 갖는 것이다.

하나님 나라의 한문 표현은 '천국(天國)'이다. 천국에 대한 영어 표현은 'Kingdom of God'와 'Kingdom of Heaven'이 있다. 마태복음에서는 주로 'Kingdom of Heaven'을 쓰고 있다. 이는 당시 사람들이 하나님의 이름을 사용하는 것이 불경이라고 생각하였기 때문이다. 한국에서도 '하나님의 나라' 보다도 '하늘나라'의 한문 표현인 '천국'을 즐겨 사용한다. 하늘은 높고 거룩하다는 의미를 지니고 있다. 그래서 왕과 같은 지존의 존재를 '하늘'이라고 말한다.

예수는 하나님 나라의 의미를 정확하게 전달하지 않았다. 하나님의 나라를 설명하기 위해 대부분 형이상학적 설명보다 비유를 들어 설명하고 있다. 누가복음 11장 20절에는 "하나님의 나라가 이미 너희에게 임하였느니라"라고 하였다. 하나님 나라가 이미 도래하였다는 의미이다. 예수는 하나님 나라의 통치자이기 때문에 하나님 주권의 도래가 곧 하나님 나라의 성취라 할 수 있다.

예수는 때로는 하나님의 나라는 현실 세계를 초월한 세계이거나 인간의 죽음 이후에 가야 할 세계로 표현하고 있다. "약대가 바늘귀로 나가는 것이 부자가 하나님의 나라에 들어가는 것보다 쉬우니라"(마가복음 10:25)라고 하였고, "누구든지 하나님의 나라를 어린아이와 같이 받들지 않는 자는 결단코 들어가지 못하리라"(마가복음 10:15) 하였다. 심지어 예수를 불신하는 자들보다 세리와 창기들이 먼저 하나님의 나라에 들어간다(마태복음 21:31)고 하였다. 여기서 예수는 하나님의 나라에 들어갈 조건을 말하고 있음을 알 수 있다.

성서에서 하나님의 나라는 인간이 추구하거나 쟁취해야 할 세계로 말하고 있다. 그러나 하나님의 나라는 결코 인간의 노력으로 쟁취할 수 없고 하나님의 주도하에 도래하는 것이며 하나님의 선물로 주어짐을 강조하고 있다. 마태복음 13 장의 비유에 보면 천국의 쟁취는 "밭에 감춰진 보화와 같으니 이 보화를 사기 위해 자기의 전 소유를 팔아서 그 밭을 사는 것(44절)"과 같다고 하였다. 또 천국은 값진 진주 하나를 발견 하고 그 진주를 사기 위해 전 재산을 다 팔아 사는 것과 같다 고도 하였다.

예수는 하나님의 나라를 마지막 날 잔치에 비유하고 있다. 하나님의 나라를 혼인 잔치에 비유하거나(마태복음 22장), 제자 들에게 하나님의 나라를 너희들에게 맡길 것이며 내 상에서 먹고 마시며 이스라엘 열두 지파를 다스리게 하겠다고 하였 다(누가복음 22:28). 이렇듯 하나님의 나라를 말씀하시면서 먹 고 마시는 일이 중요하게 거론된 것은 식탁에서 나누고 섬기 는 것이 천국 생활의 한 모형이기 때문이다. 천국 생활은 식 탁공동체와 같다. 식탁공동체에는 적은 밥이 남는다는 원리 가 있다.

흔히 우리 기독교인들은 천국은 죽어서 들어가야 할 세계 로 알고 있다. 죽어서 천국 가기 위해 신앙을 갖는 사람들이 많다. 지상에서 불행하게 살았어도 예수를 믿으면 구원을 받는다고 생각하고 있다. 지상에서 사악하게 살았어도 죽음

직전에 회개하고 예수를 믿으면 천국 간다고 생각하고 있다. 예수는 같이 십자가에 달려 자신을 증거한 오른편 강도에게 "너는 나와 함께 낙원에 있으리라"(누가복음 23:39-43)라고 하였다.

왜 예수는 이때 천국이 아닌 낙원에 있으리라고 하였을까? 천국과 낙원은 다른 세계다. 예수께서도 천국에 계시지 못하고 낙원에 계신다는 것은 아직 지상에 천국이 이루어지지 않았기 때문이다. 지상에 천국이 이루어져야 하늘에서도 천국이 이루어진다. 지상에서 천국 생활을 경험해야 하늘나라에서도 그 세계를 느끼고 경험할 수 있다. 천주교에서 말하는 연옥은 천국의 세계도 아니고 지옥의 세계도 아니다. 지상과 천상에 하늘나라가 세워지면 들어가기 위한 대기소와 마찬가지다.

예수께서 건설하려던 천국은 재림 때로 미루어졌다. 그래서 예수는 십자가에 돌아가시기 전 천국 문 열쇠를 베드로에게 전수한 것이다. 천국 문 열쇠를 베드로에게 주시면서 "네가 땅에서 무엇이든지 매면 하늘에서도 매일 것이요. 네가 땅에서 무엇이든지 풀면 하늘에서도 풀리리라"(마태복음 16:18-20) 하였다. 천국 문 열쇠를 예수가 가져가지 못하고 베드로에게 주신 것은 베드로를 통해 천국의 상징이요, 하나님의 집인 교회를 지상에 세우라는 의미였다.

오늘날 우리 기독교인들은 죽어서 천국에 들어가지 못한다. 아니 기독교인들뿐만 아니라 누구도 천국에 들어갈 수 없다. 왜 그럴까? 지상에서 천국 생활을 경험해보지 못했기 때문이다. 지상에 천국을 이루어 평화롭고 행복한 삶을 살아야만 진정한 천국에 들어갈 수 있다. 천국의 왕이신 재림 메시아가 지상에 오셔서 하늘나라를 건설할 때 동참하는 사람만이 천국에 들어갈 수 있다. "주여! 주여!" 하는 자가 천국 가는 것이 아니고 주의 뜻대로 하는 자가 천국에 들어간다. 주의 뜻은 바로 사랑이다.

7
복음의
알파와 오메가

예수가 공생애를 출발하면서 첫 번째 주신 말씀이 마태복음 5장에서 7장에 기록된 산상수훈이다. 즉 산에서 군중들에게 설파하신 말씀을 말한다. 이스라엘 지방에는 산이라고 할 만한 높은 곳은 없다. 여기서 말하는 산은 나무가 있는 언덕을 말한 것이다. 예수는 30년간의 무명의 삶을 마치고 이때 최초로 메시아로서 등장하여 말씀을 주신다. 메시아란 구세주로서 하나님의 진리를 가지고 오신다. 진리를 전파하는 것이 메시아의 첫째 소명이며 그가 메시아임을 선포하는 자리가 이 산상수훈을 설교하는 자리였다.

산상수훈에 담겨 있는 내용을 8복이라고 한다. 이 8복을 받을 수 있는 자는 '심령이 가난한 자' '애통하는 자' '온유한 자' '의에 주리고 목마른 자' '긍휼히 여기는 자' '마음이 청결한 자' '화평케 하는 자' '의를 위하여 핍박을 받은 자' 등 8가지 유형의 사람이다. 이러한 사람들은 마음이 평화롭고 행복하게 된다는 말씀이며 이런 사람들이 천국의 주인, 하나님의 자녀가 된다는 말이다.

산상수훈에서 복(福)의 의미는 역설적이다. 세상에서 말하는 복 있는 사람은 재물을 가져야 하고, 권력을 가져야 하며, 신체가 건강해야 한다. 그러나 산상수훈에서 말하는 복은 이러한 외적인 조건과 무관하다. 겸손하고, 마음이 청정하며, 의와 사랑이 있는 사람이 복이 있는 사람이다. 예수는 이러한 사람들만이 천국에 들어갈 수 있다고 하였다.

예수의 산상수훈은 석가모니 붓다의 최초 설법과 상당히 유사하다. 붓다가 깨달음을 증득(證得)하고 행한 첫 번째 설법이 사성제, 즉 고집멸도(苦集滅道)이다. 인간의 고통은 집착으로부터 오며 그 집착을 내려놓게 될 때 자유와 해탈에 이르게 된다는 의미이다. 이 집착을 내려놓는 길이 바로 팔정도의 길이라는 것이다. 팔정도는 해탈에 이르는 8단계의 길을 말하는데 그 첫 번째가 정견(正見)이다. 즉 사물을 바르게 보고 바른 견해를 가져야 함을 말한다. 산상수훈을 경청했던 사람들은 가난하고 소외된 자들이었다. 그들은 가난과 소외에서 벗어나기 위한 열망과 부에 대한 갈망이 있었을 것이다. 가난과 소외를 운명으로 받아들이면서도 이러한 삶으로부터 탈출하기 위해 몸부림치는 그들에게 산상수훈은 복음이 아닐 수 없었다. 그들은 따뜻한 위로와 용기를 주는 예수의 말씀에 그를 존경하고 따르게 된 것이다.

역으로 산상수훈은 당시 부와 권력을 누리는 유대 지도자들에게 주는 메시지일 수 있다. 그들이 누리는 부와 권력으로는 천국에 들어갈 수 없음을 경고한 것이다. 예수는 부자가 천국에 가기는 낙타가 바늘구멍을 통과하기보다 어렵다고 하였다. 한편 권력자들에게는 "화 있을진저! 외식하는 서기관들과 바리새인들이여 너희는 천국 문을 사람들 앞에서 닫고, 너희도 들어가지 않고 들어가려 하는 자도 들어가지 못하게 하는구나"(마태복음 23:13)라고 말씀하시며 그들을 향해 "뱀들아 독사의 새끼들아 너희가 어떻게 지옥의 판결을 피하겠느냐"(마태복음 23: 33)라고 저주에 가까운 독설을 퍼부었다. 정작 산상수훈을 들어야 할 사람들은 유대 지도자들이었지만 예수의 말씀을 받아들이기에는 그들 마음이 너무도 경직되어 있었다.

산상수훈은 오늘의 기복신앙에 빠진 기독교인들에게 주는 말씀이다. 예수는 유대인들의 불신으로 최악의 고통 가운데 십자가에 돌아가셨다. 십자가는 예수 통한의 상징이요, 피눈물의 상징이다. 그런 십자가를 교회 탑과 성전 중앙에 걸어놓고 '예수여! 나에게 복을 주십시오!' '재물 복을 주십시오!' '권력 복을 주십시오!' '우리 아들 대학에 합격하게 해주십시오!'라고 철야기도와 새벽기도를 하는 오늘의 기독교인들을 내려다보는 예수의 심정은 어떠하겠는가를 상상해보자!

이는 마치 죽음을 앞에 놓고 고통받는 아버지에게 유산을 달라고 떼를 쓰는 철부지 자식의 모습이 아닌가! 병들고 지쳐있는 아버지에게 '아버지! 저희는 걱정하지 마십시오. 저희는 아버지의 유지를 받들어 형제간에 우애하고 가업을 일으키겠습니다'라고 할 수 있는 자녀가 진정한 효자가 아닌가?

다음은 예수가 십자가 위에서 마지막 남기신 일곱 말씀이다. 이 마지막 말씀에 예수의 지상에서의 사명, 그의 사상과 십자가 죽음의 부당함 등에 대한 말이 함축되어 있다.

"아버지, 저들을 용서하십시오, 저들은 자기들이 뭘 하는지 모릅니다."(누가복음 23:34)

"오늘 너는 나와 함께 낙원에 있을 것이다."(누가복음 23:43)

"이 사람이 당신의 아들입니다. 이분이 네 어머니시다."(요한복음 19:26-27)

"나의 하나님 나의 하나님 어찌하여 나를 버리셨나이까?"(마태복음 27:46)

"나는 목마르다."(요한복음 19:28)

"다 이루었다."(요한복음 19:30)

"아버지, 제 영을 아버지 손에 맡깁니다."(누가복음 23:46)

예수의 십자가 죽음은 하나님의 뜻이 아닐 뿐만 아니라 예정된 사건이 아니다. 유대인들이 예수를 십자가 죽음의 길로 몰고 간 것이다. 유대인들은 자기들이 무슨 일을 하고 있고, 어떤 일이 일어날지도 모르고 예수를 십자가 죽음으로 몰고 갔다. 만왕의 왕이요, 하나님의 독생자를 죽인 사건이다. 이 사건으로 하나님의 창조 이상과 구원 섭리가 물거품처럼 되었다. 그래도 예수는 이러한 패역무도한 유대교 지도자들을 용서해 달라고 하나님께 간구한다. 그가 평소에 말씀하셨던 원수까지도 사랑하라는 말을 마지막까지 지켜나가신 것이다.

예수가 십자가를 지고 골고다 산상으로 가실 때 오른편 강도와 왼편 강도가 있었다. 왼편 강도는 예수를 비방하며 "네가 그리스도이면 너와 우리를 구원하라" 했다. 이에 오른편 강도는 왼편 강도를 꾸짖으며 자신들의 십자가 형벌은 마땅하지만, 예수가 무슨 죄가 있느냐고 항변하며 "예수여 당신의 나라에 임하실 때에 나를 생각하소서!"라고 요청한다. 이에 예수는 "네가 함께 낙원에 있으리라" 하였다. 왜 여기서 예수는 그에게 천국이 아닌 낙원에 있으리라고 했을까?

그것은 예수도 천국에 가지 못하고 천국의 전 단계인 낙원에 머물러 있어야 하기 때문이다. 지상에 천국이 이루어지지 않으면 하늘나라에서도 천국이 존재하지 않는다. 천국과 지옥은 하나님이 만들어 놓고 인간을 심판해서 보내는 곳이 아니다. 천국은 메시아가 지상에 이루어야 할 세계인 것이다. 지상에 천국을 이루고 그곳에서 살다가 죽게 될 때 하늘나라 천국에 들어가는 것이다. 예수의 죽음으로 천국은 재림 때로 연장되었기 때문에 "너는 나와 함께 낙원에 있으리라" 말씀하신 것이다.

예수는 십자가 위에서 "나의 하나님 나의 하나님 어찌하여 나를 버리셨나이까?"라고 말씀하셨다. 이 말씀은 마치 자신의 십자가 길을 방관하시는 하나님을 원망하는 듯한 말씀이다. 십자가에 참혹하게 돌아가시는 예수를 보고 전지전능하신 하나님이 왜 방관만 하고 계셨을까? 하나님도 어찌할 수 없으셨다. 하나님이 무능하시기 때문이 아니다.

예수 그리스도를 지상에 보내신 것은 하나님의 섭리 가운데 이루어졌지만, 예수를 믿고 모시는 것은 유대인들의 몫이었기 때문이다. 보내신 예수를 믿고 모시는 것이 유대인들의 책임분담이다. 하나님은 인간 조상 아담과 이브를 지으시고 책임분담을 주셨다. 선악을 알게 하는 나무의 열매를 따 먹으면 죽는다고 하였다. 이 말씀 가운데는 따 먹지 않으면 산다는 의미도 담겨 있다.

이렇듯 하나님의 구원 섭리 완성은 항상 하나님의 뜻과 인간의 책임분담으로 이루어진다. 하나님은 노아, 아브라함, 모세 등 메시아적 역할을 해야 할 중심인물들을 보내셨지만 그를 믿고 따르는 것은 인간의 책임이다. 인간의 책임분담이 있었기 때문에 하나님의 구원 섭리는 연장을 거듭해 나온 것이다. 하나님이 예수를 버린 것이 아니라 예수가 죽을 수밖에 없는 상황이었고, 예수가 살아 활동했다 하더라도 유대인들이 결코 받아들일 수 없다는 것을 아신 하나님은 차선의 길로 부활을 선택하신 것이다.

하나님은 유대인들의 불신으로 지상에서 하나님의 나라를 이루는 것이 도저히 불가능했기 때문에 차선의 길로 예수를 십자가에 내주고 부활 섭리를 선택하셨다. 예수의 부활은 육신 부활이 아니라 예수의 정신과 메시아로서 능력의 부활이다. 예수의 말씀이 살아서 인간들의 영혼을 살리는 것이 부활이다. 하나님은 예수의 육체를 포기하시고 영혼이 죽은 자들을 위한 영적 부활의 길을 택하셨다. 그리고 예수의 지상(至上) 과제였던 지상(地上)천국은 재림의 때로 기약하게 되었다. 그래서 예수는 십자가 위에서 "다 이루었다"(요한복음 19:30)라는 말씀을 남기고 지상을 떠나신 것이다.

예수는 부활하여 제자들에게 나타나셔서 "온 천하에 다니며 만민에게 복음을 전하라"(마가복음 16:15)고 하였다. 이 말씀이 지상 사람들에게 전한 최후의 말씀이다. 예수가 지상에 오신 목적은 지상에 천국을 건설하는 것이었다. 그리고 이 천국의 이념이 복음이다. 지상에서 유대인의 불신으로 하나님의 나라를 이루지 못하셨기 때문에, 천국의 이념인 복음을 땅끝까지 전하라고 말씀하신 것이다.

사도행전에는 부활하신 예수가 제자들에게 "땅끝까지 이르러 내 증인이 되리라"(사도행전 1:8) 하셨다. 예수가 메시아임을 증거하라는 말씀이다. 그의 삶을 증거하고, 그의 부활을 증거하고, 다시 오심을 증거하라는 말씀이다. 오늘의 기독교는 바로 예수가 남기신 최후의 말씀을 이루기 위해서 모인 공동체다.

오늘날 기독교 인구는 전 세계 인구의 3분의 1에 이르렀다. 예수의 말씀대로 땅끝까지 복음이 전파되었다. 그러나 세계 곳곳에 복음이 전파되었지만 진정한 복음의 의미를 이해하고 예수를 믿는 사람들이 얼마나 될까! 아직도 이슬람과 기독교의 충돌이 계속되고 있다. 유럽에서는 이슬람과 전쟁 수준의 갈등이 계속되고 있다. 그것은 오늘의 기독교가 예수의 말씀은 전하였으나 예수의 사랑을 전하지 못하였기 때문이다. 그 사랑은 자신의 삶을 통해서 전하는 것이다.

사실 예수의 최후의 복음은 십자가 죽음의 길을 결정하시고 제자들에게 남기신 말씀이다.

"새 계명을 너희에게 주노니 서로 사랑하라. 내가 너희를 사랑한 것같이 너희도 사랑하라 너희가 내 제자인 줄 알리라"(요한복음 14:24)는 말씀이 최후의 복음이다. 복음의 핵심은 사랑이다. 예수께서 복음을 땅끝까지 전파하라고 하신 말씀은 예수의 사랑을 전하라는 의미다. 그리고 복음의 전파는 말로써 하는 것이 아니라 행동으로 해야 한다. 자신이 예수의 제자라는 증거는 오직 사람들을 사랑하는 것이다.

III
십자가 죽음과 부활

예수의 십자가 죽음은
예정된 길이었나

오늘날 기독교인들은 예수의 십자가 죽음을 대속설(代贖說)로 이해하고 있다. 대속설은 예수의 피 값으로 말미암아 우리의 죄를 사해주셨다는 구원론이다. 예수가 인간의 구원을 위해 희생 제물이 되었다는 것이다. 구약시대에 하나님께 드리는 희생 제사가 있었는데, 이는 죄를 사함으로 자유인이 되기 위해 예물을 드리는 의식을 뜻한다. 주로 양이나 소와 같은 짐승을 번제로 드리거나 제단에 피를 뿌리는 형식으로 이루어졌다. 아브라함이 이삭을 번제로 드리려고 한 것을 보면 때로는 인간이 희생 제물로 드려지기도 한 것 같다. 기독교에서는 예수의 십자가 죽음도 희생 제사의 의미라고 보고 있다.

그러나 십자가란 예수를 희생 제물로 드리기 위해 특별히 제작된 것은 아니다. 예수만이 십자가에 돌아가신 것이 아니라 고대 앗수르나 페르시아 지방에서 죄인을 사형시키기 위해 만들어진 사형 틀이다. 십자가 형벌은 흉악한 범죄자나 포로로 잡힌 자들의 시신을 말뚝에 매달아 사람들에게 죄를 지으면 이렇게 된다는 것을 경고하기 위함이었다. 사람들이 많이 다니는 입구에 죄인의 시체를 나무 막대기에 매달아 전시한 것이 유래가 되어 십자가 사형제도가 된 것이다.

십자가에 매달리는 형벌 제도는 로마에서 많이 사용한 것으로 보인다. 반역, 살인, 폭동, 이국의 첩자, 강도, 살인 행위 등의 죄인을 처벌하기 위한 형틀로 사용하였다. 십자가 형벌의 대상은 주로 로마 시민을 제외한 노예, 로마 통치에 반기를 든 반역자들이다. 예수 당시 유대인들 가운데 로마 통치를 거부하는 혁명가나, 백성들을 미혹하게 하는 거짓 메시아들이 십자가 사형 형벌을 받았다. 예수도 당시 자신을 유대의 왕이라고 하고 메시아라고 하여 유대의 왕권에 도전하고 백성을 미혹하게 했다는 죄목으로 십자가 형벌을 받게 되었다.

고대의 십자가 형벌은 가장 고통스럽고 치욕스러운 것이었다. 십자가에 처형될 사람은 자기가 매달릴 형틀을 지고 처형장으로 향해야 했다. 처형장으로 가면서 금속이나 뼛조각이 박혀 있는 채찍으로 매질을 당했다. 처형장에 이르러서는 로마 관원들이 죄인의 옷을 벗기고 죄인이 메고 간 십자가에 손발을 밧줄로 묶거나 못으로 몸을 고정했다. 그리고 범죄자의 목에 죄목을 적은 패를 매달았다.

십자가에 달린 사람은 매질과 못질을 당해야 했고 죽음을 재촉하기 위해 몽둥이로 다리뼈를 부러뜨렸다. 때로는 죽음의 고통을 연장하기 위해 엉덩이 밑에 받침대를 두어 그곳에 몸무게를 실리게 하여 버티도록 했다. 아래로 처지는 몸무게와 뙤약볕에 노출된 몸은 출혈, 갈증, 허기, 탈진으로 인간으로서 감내하기 어려운 고통에 몰아넣었다. 사망 후에는 며칠 동안 놔두어서 부패한 시체를 새들이 쪼아 먹게 했다.

예수의 목에 걸린 패에 적힌 죄목은 '유대인들의 왕 나사렛 예수'였다. 예수의 죽음은 정치적인 이유였다. 로마 통치를 거부하고 혁명을 도모하였다는 것이다. 예수 그리스도는 단지 종교 지도자나 수행자가 아니었다. 하나님의 나라를 세우기 위해 하나님의 주권을 부여받은 만왕의 왕 메시아였다.

그러나 예수의 이런 태도는 로마 황제 권력에 도전하는 것이요, 다윗의 후손인 유대 왕을 참칭하는 것이었다.

오늘의 기독교는 예수의 십자가의 죽음을 신성하고 영광의 상징으로 이해한다. 하나님의 뜻 가운데 이루어진 섭리 사건으로 이해한다. 그리고 그 십자가를 통해 내가 구원을 받는다는 믿음이 기독교 신앙의 핵심이다. 하나님의 독생자께서 십자가에 못 박혀 처참하고 굴욕적으로 죽임을 당했는데도 이렇게 미화될 수 있다는 것이 기독교의 아이러니다.

무엇보다도 그리스도 예수의 십자가 죽음이 하나님의 뜻에 의한 것이라는 기독교의 믿음은 비기독교인들에게는 이해할 수 없는 수수께끼이다. 십자가의 죽음이 정녕 하나님의 뜻이요 예정된 길이었다면 예수는 왜 십자가 위에서 "엘리 엘리 라마 사박다니" "하나님 나의 하나님 어찌하여 나를 버리셨나이까?"(마태복음 27:46)라고 하나님을 원망하였을까! 혹자는 육신의 고통 때문에 이런 기도를 했다고 말하기도 한다. 그렇다면 예수는 만왕의 왕 메시아로서 자격이 없다. 일국의 애국자들도 나라 독립을 위해 싸우다 목이 잘려도 만세를 외치고 죽는다.

기독교 사상의 기틀을 놓은 사도 바울은 어떤 이유로 "이 지혜는 이 세대의 관원이 하나도 알지 못하였나니 만일 알았다면 영광의 주를 십자가에 못 박지 아니하였으리라"(고린도전서 2:8)라고 하였을까! 사도 바울은 예수의 십자가 죽음은 유대인들의 무지에서 비롯되었다고 말했다. 기독교인들에게 왜 이 성구가 보이지 않았는가? 이 성구를 보았다고 하더라도 '예수가 죽지 않고 살았다면 어떻게 되었을까!'라고 의심하지 못했을까? 기독교인들은 왜 예수는 당연히 십자가 위에서 돌아가셔야만 했다고 믿고 있는가? 예수는 구약의 예언대로 땅에서 "기묘자라, 모사라, 전능하신 하나님, 영존하시는 아버지, 평강의 왕"(이사야 9:6)이 될 수는 없었던가? 바울의 말대로 유대인들이 무지로 인해 영광의 아버지, 평강의 아버지를 십자가에 매단 것이다. 그리고 무지한 오늘의 기독교인들은 예수의 십자가 죽음을 찬양하는 것이다.

2
예수 죽음의 원인을 제공한
세례 요한

성서 누가복음은 예수의 탄생보다 세례 요한의 탄생을 먼저 소개하고 있다. 예수 그리스도의 구세 사업과 깊은 연관성이 있기 때문이다. 그러나 성서에 예수가 세례 요한으로부터 세례받는 일 외에는 그렇게 깊은 연관성이 없는 것으로 보인다. 심지어 세례 요한과 예수는 각각 선교 활동을 하며 세례를 베풀고 다녔다.

요한은 6개월 먼저 태어난 예수의 이종사촌 형이다. 세례 요한은 당시 명망과 권위가 있는 대제사장인 사가랴의 아들로 태어났다. 대제사장만 들어갈 수 있는 지성소에서 기도할 때 천사가 나타나 "네 아내 엘리사벳이 네게 아들을 낳아 주리니 그 이름을 요한이라고 하라"(누가복음 1:13)고 전했다. "그는 주 앞에 큰 자가 되고 이스라엘 자손을 하나님께 많이 돌아오게 하는 일을 한다"(누가복음 1:16)고 하였다.

천사의 이러한 전달이 사가랴에게는 믿기지 않았다. 그의 아내는 늙고 이미 경수가 끊겨 자녀를 출산할 수 없는 처지였기 때문이었다. 천사의 말을 불신한 사가랴는 요한이 태어날 때까지 벙어리가 되었다. 이러한 일을 목격한 주변의 사람들은 기이히 여겼다. 장차 얼마나 큰 자가 태어나기에 이러한 기이한 현상이 일어날까 하는 마음으로 요한의 잉태와 탄생을 지켜보게 되었다.

사가랴에게 나타난 천사는 요한이 엘리야의 심령과 능력을 지니고 태어나 주를 위해 백성을 예비하게 된다고 하였다(누가복음 1:17). 세례 요한의 사명은 곧 그리스도 예수의 가야할 길을 예비하는 것이다. 요한의 역할과 사명은 이미 구약 성서에 예언되어 있다. 말라기 3장 1절에 주님에 앞서 먼저 주의 길을 곧게 하는 사자가 온다고 되어 있는데 그 사자가 세례 요한이다. 요한은 "종신토록 주의 앞에서 성결과 의로 두려움 없이 섬기는 자"(누가복음 1:75)로 부름을 받은 자다.

세례 요한은 예수를 그리스도로 증거는 했다. 그러나 예수를 섬기는 역할은 하지 못했다. 세례 요한은 광야에서 진리를 전파하면서 예수와 똑같이 제 일성이 "회개하라 천국이 가까이 왔느니라"(마태복음 3:2)였다. 요한은 이 자리에서 "너희는 주의 길을 예비하라"(마태복음 3:3)라고 하였다. 예수의 길을 예비하라는 말이다.

세례 요한은 약대 털옷을 입고, 허리에 가죽띠를 매고 메뚜기와 석청을 먹으면서 광야에서 빛나는 수도 생활을 마친 후 갈릴리 지역에서 사람들을 회개시키고 세례를 베풀었다. 명문가에 태어났으며, 그의 구세 사업이 예수보다 훨씬 성공적이었음에도 불구하고 그는 겸손했다. 요단강에서 세례를 베푸는 가운데 자신에게 세례를 받으러 온 예수에게 "내가 당신에게 세례를 받아야 할 텐데 당신이 내게로 오시나이까?"(마태복음 3:13-15)라는 겸손을 보였다.

사람들은 당시의 상황에서 예수와 요한 중 누구의 말을 더 신뢰하고 믿을 수 있었을까? 당연히 비천한 목수의 아들 예수보다 세례 요한이 존경을 받았다. 그러나 성경을 정독하고 그 뜻을 새겨보면 예수의 십자가의 죽음은 세례 요한 때문이었다. 그가 예수를 메시아로 모시고 보호하지 못한 결과 예수는 십자가의 죽음을 맞이하게 된 것이다.

세례를 베푸는 현장에서 요한은 분명히 예수는 하나님이 사랑하시는 아들임을 목격하였다. 세례 요한은 예수가 침수했다가 물 위로 올라올 때 비둘기 같은 성령이 예수에게 임하며 하늘로부터 "내 사랑하는 아들이요 내 기뻐하는 자라"(마태복음 3:17)고 하는 음성을 듣고 그 신비의 현상을 목격하였다. 이 현상을 목격하면서 세례 요한은 예수가 메시아임을 증거했다.

"나도 그를 알지 못하였으나 나를 보내어 물로 세례를 주라 하신 그이가 나에게 말씀하시되 성령이 내려서 누구 위에든지 머무는 것을 보거든 그가 곧 성령으로 세례를 주는 이인 줄 알라 하셨기에 내가 보고 그가 하나님의 아들이심을 증거하였노라 하니라"(요한복음 1:32-33)라고 하였다. 요한은 이렇듯 확실하게 예수가 하나님의 아들임을 증거해 놓고 자신은 예수를 믿고 모시지 못하였다.

요한복음 1장에는 세례 요한의 예수에 대한 증거와 자신의 위치에 대하여 분명하게 전하고 있다. 요한의 출중한 수도 생활과 전도에 감동된 유대인들이 '네가 누구냐?'고 물을 때 세례 요한은 "나는 그리스도가 아니다"라고 했고, '네가 엘리야냐?'고 물으니 "나는 아니다"라고 하였다. 재차 삼차 묻는 유대 지도자들에게 "나는 선지자 이사야의 말과 같이 주의 길을 곧게 하라고 광야에서 외치는 자의 소리로다"고 하였다. 요한의 사명은 그리스도 예수의 길을 곧게 하는 것이었다. 예수 그리스도가 가는 길을 평탄케 하고 사람들에게 예수가 메시아임을 증거하고 그를 모시는 것이 요한의 사명이었다.

그러나 문제는 세례 요한 자신이 엘리야가 아니라고 부정하는 데서 야기되었다. 누가복음 1장 17절에 하나님은 천사를 통해 요한의 아버지 사가랴에게 분명히 말씀하셨다. "그는 엘리야의 심령과 능력을 지니고 태어났다"라고 하였다. 그러나 세례 요한은 자신이 엘리야임을 부인하였다. 그는 엘리야가 했던 것처럼 메시아 예수의 길을 곧게 하는 자였다. 그러나 요한은 자신의 사명을 망각한 것이다.

엘리야는 누구인가? BC 9세기 이스라엘 북왕조 시대에 450명의 바알신과 아세라 예언자를 물리치고, 옷을 휘둘러 요단강을 가르고, 하늘로 승천했던 예언자다. 그는 장차 오실 메시아가 가야 할 길을 닦고자 이방신을 척결하는 사명을 가진 자다. 엘리야는 예수의 십자가 죽음 전 모세와 함께 변화산에 나타나 십자가 죽음에 관하여 이야기를 나누었던 모세의 반열에 들어가는 위대한 예언자다.

세례 요한은 자신이 닦았던 기반을 예수에게 넘기고 예수의 수제자가 되어야만 했다. 예수에게 세례를 베푼 것은 바로 사명 인계식이라고 할 수 있다. 그의 수행의 기반과 따르는 제자들을 예수에게 넘기고 자신은 예수의 수제자가 되어 그를 증거하고 모셔야 했다. 그러나 그는 예수를 증거는 하였지만 그를 믿고 섬기는 일을 하지 못하였다.

요한은 예수를 인간적으로 생각했다. 가문으로 볼 때도 자신과 비교해 별 볼일 없는 천박한 목수의 아들이었고, 예수의 제자들도 당시 천대받고 소외되었던 사람들이었다. 예수는 당시 유대인들이 목숨처럼 지키는 안식일을 지키지 않았고 레위기에서 규정한 생활 규칙을 지키지 않으면서 "나는 율법을 완성하러 왔다" "나는 안식일 주인이다" "나는 하늘이 보내신 자다"라고 하는 등 유대인들이 듣기에 거북한 말들을 했다. 이런 예수를 본 세례 요한이 그를 모신다는 것은 그리 쉽지 않은 일이다.

요한은 예수의 수제자가 되어 죽어도 같이 죽고 살아도 같이 살아야 했다. 그러나 그는 예수와 각자도생(各自圖生)의 길을 갔다. 어느 날 한 제자가 세례를 베풀고 있는 요한에게 "예수가 세례를 주고 있는데 사람들이 다 그에게 가더라"(요한복음 3:26)고 전한다. 이에 요한은 "그는 흥하여야 하겠고 나는 쇠하여야 하리라 하니라"(요한복음 3:30)고 하였다. 이 말을 무심코 들으면 '세례 요한은 참 겸손한 사람이구나' 생각할 수도 있다. 그러나 그렇지 않다. 사람들이 예수에게 몰려가는 것을 보면서 질투와 시기가 담긴 말이다.

세례 요한이 자신이 증거한 것처럼 예수 앞에 먼저 보내신 자요, 그를 성결과 의로 종신토록 섬겨야 할 자라면 어찌 그는 흥해야 하겠고 나는 쇠해야 한다고 말할 수 있겠는가! 그는 예수와 죽어도 같이 죽고 살아도 같이 살아야 할 제자가 되어야 했다. 그러나 세례를 놓고 누가 더 많은 세례를 주는가에 대해 경쟁한 세례 요한이었다. 결국에 세례 요한의 불신이 예수가 십자가를 지는 제1의 원인이 되었다. 만약 세례 요한이 자기가 먼저 닦아놓았던 길과 자신의 제자들을 예수에게 인계하고 예수의 수제자가 되었더라면 예수가 십자가의 길을 가지 않아도 되었을 것이다.

그토록 권세 있고 존엄하였던 세례 요한이 죽음에 이른 마지막을 보자. 그는 창피하고 비참한 죽음을 맞이해야 했다. 당시 헤로데 왕이 동생 빌립의 아내 헤로디아를 취하여 부인으로 삼은 것을 책망하다가 감방에 갇히는 신세가 되었다. 감방에 들어가서야 요한이 정신이 들었는지 찾아온 제자에게 예수에게 가서 "오실 그이가 당신이오니까? 우리가 다른 이를 기다리오리이까?"(마태복음 11:3)라고 물어보고 오라고 한다. 한심하기 짝이 없는 질문이다. 그토록 하나님이 예수가 그리스도라는 것을 보여주었고 자신도 예수를 메시아로 증거해 놓고 당신이 메시아냐 아니면 우리가 다른 사람을 기다려야 하느냐고 묻고 있으니 예수는 어이없고 기가 막혔을 것이다. 여기에 하나님도 예수도 한(恨)이 서려 있다.

세례 요한의 제자가 와서 전하는 말을 듣고 예수는 무엇이라고 대답하였는가? '그래 내가 바로 하늘이 보낸 그리스도 예수'라고 하지 않았다. "너희가 가서 듣고 보는 것을 요한에게 고하라"고 하였다. 예수가 전하는 복음과 이적과 기사를 보았지 않았느냐, 내가 메시아가 아니면 어찌 이런 일들을 행할 수 있느냐는 의미이다. 그리고 그들에게 "누구든지 나로 인하여 실족하지 아니하는 자는 복이 있도다"(마태복음 10:10)라고 하였다. 세례 요한이 예수를 메시아로 모시지 못하므로 실족하였다는 말이다.

세례 요한은 예수를 불신한 죄로 말미암아 처참한 죽임을 당하고 만다. 헤로데 왕이 자기의 생일에 총애하던 헤로디아의 딸이 춤을 추어 자신을 기쁘게 한 대가로 무엇이든 네가 구하는 것을 해주겠다는 약속을 하고 만다. 이에 헤로디아의 딸은 자기 어머니에게 무엇을 구할까를 묻는다. 그녀의 어머니는 자신의 결혼을 반대한 세례 요한의 머리를 쟁반에 담아 달라고 한다. 헤로데 왕은 자신의 약속을 거둘 수 없었다. 비록 의롭고 거룩한 사람으로 여겼던 요한이었지만 그의 목을 쳐서 쟁반에 담아 헤로디아의 딸에게 주는 최악의 행위를 하고 만다(요한복음 6:17-29).

헤로데 왕의 말대로 요한은 의롭고 거룩한 사람이었다. 사람들이 메시아로 오인할 정도로 존경받았던 인물이다. 그런 그가 왜 그렇게 처참하고 부끄러운 죽임을 당해야 했는가? 그것은 바로 예수를 그리스도로 섬기고 따르지 않은 죄의 대가였다. 그리스도는 그를 가리켜 "여자가 낳은 자 중에 세례 요한보다 큰 이가 일어남이 없도다. 그러나 천국에서는 극히 작은 자라도 저보다 크니라"(마태복음 11:11)라고 하였다.

세례 요한의 위치는 바로 예수 그리스도를 따르고 섬기는 것이었다. 만왕의 왕 그리스도의 수제자 위치이니 지상에서 가장 큰 자가 아닐 수 없다. 그러나 그리스도를 모시는 사명을 다하지 못하므로 그는 천국에서 말단의 자리를 지킬 수밖에 없는 초라한 신세가 되었다. 예수는 "세례 요한 때부터 지금까지 천국은 침노를 당하느니 침노하는 자는 빼앗느니라"(마태복음 11:12)라고 하였다. 요한은 천국에서 제일 권위 있는 예수의 수제자 자리를 베드로에게 빼앗기게 된 것이다.

3

예수 십자가
죽음의 원인

    하나님이 이스라엘을 선민으로 세우시고 그 기반 위에 독생자 예수 그리스도를 보내셨다. 예수를 지상에 보내시기 위한 섭리는 일찍이 노아 가정에서부터 시작되었다. 의인 노아를 부르시어 홍수 심판을 하신 것은 죄악의 세계를 멸하시고 하나님을 믿는 백성을 중심으로 신천지를 세우시기 위함이다. 야훼 하나님은 노아가 세운 신천지 기반 위에 메시아를 보내시려고 예정하신 것이다. 그러나 노아를 중심한 하나님의 신천지 계획은 노아의 아들 함의 불순종으로 말미암아 실패로 돌아갔다(창세기 9:25).

하나님의 뜻은 노아의 10대 후손인 아브라함으로 이어졌다. 아브라함 역시 하나님이 요청하신 제물을 뜻 맞게 드리지 못해 하나님의 노여움을 사게 되고(창세기 15:5), 아브라함 가정을 중심한 메시아를 위한 기대는 연장되어 모세로 이어졌다. 모세가 세워야 할 메시아를 위한 기반의 영역도 가정, 씨족, 민족으로 확대되었다. 모세는 장차 오실 그리스도의 민족적 기대를 세우기 위해 이스라엘 민족을 이끌고 가나안 땅으로 이동해야 했다.

하나님은 우여곡절 끝에 이스라엘 민족을 가나안 땅에 정착시키고 그들로 하여금 장차 오실 메시아의 통치 중심인 성전을 짓게 하였다. 그것이 곧 예루살렘 성전이다. 이 성전에 그리스도가 입성하여 하나님의 나라를 위한 통치가 이루어져야 했으나 유대인의 불신으로 예수가 십자가에 돌아가시게 된 사연을 성서에서 전하고 있다.

하나님은 왜 이토록 이스라엘 백성들을 축복하시고 때로는 저주하시면서 그들을 선민으로 키워 오신 것인가? 그것은 지상에 보낸 예수 그리스도를 믿고 모시게 하기 위함이었다. 그러나 지상에 오신 예수를 믿고 따르기는커녕 멸시하고 천대하여 결국 그를 십자가에 매달고 만 것이다. 예수 그리스도의 십자가 죽음은 결코 하나님의 뜻이 아니다.

　예수도 십자가의 죽음을 원치 않으셨다. 십자가의 고통이 두려워서 그런 것이 아니다. 자신의 십자가의 죽음으로 인해 4천 년 동안 준비했던 하나님의 섭리가 연장되어야 하는 기막힌 사연 때문이었다. 그리고 십자가의 죽음에 의해 선민이었던 이스라엘 백성들이 받을 고난을 생각했기 때문에 그는 십자가 위에서 "엘리 엘리 라마 사박다니", 나에게서 이 쓴 잔을 면하게 해달라고 외쳤던 것이다. 예수의 십자가 죽음은 인간의 구원을 위한 하나님의 뜻과 예정에 의한 것이 아니라 전적으로 유대인들의 불신에 의한 것이었다.

　예수는 십자가의 죽음이 인류 구원의 길임을 이야기하지 않았다. 성서 전반에 자신을 믿는 것이 구원의 길임을 이야기했다. "하나님이 세상을 이처럼 사랑하사 독생자를 주셨으니 이는 저를 믿는 자마다 멸망치 않고 영생을 얻게 하려 하심이니라"(요한복음 3:16)라고 하였다. 믿어야 구원을 받는다는 말이다.

　예수가 이적과 기적을 행하는 것을 보고 찾아온 무리가 "우리가 어떻게 하여야 하나님의 일을 하오리까?"라고 묻자 예수는 "하나님이 보내신 자를 믿는 것이 하나님의 일이니라"(요한복음 6:28-29)고 하였다. 자신은 하나님이 인간 구원을 위해 보낸 사람으로 자신을 믿고 따르라는 것이 하나님의 뜻이라는 말이다.

그러나 유대인들은 하나님의 자녀인 독생자를 믿지 않았다. 예수는 그들이 성경을 통해 알았던 그런 방식으로 오지 않았고, 그들이 기대했던 인물이 아니었다. 예수는 이러한 유대인들에게 "너희는 성경에서 영생을 얻는 줄 알고 성경을 상고하거니와 이 성경이 곧 내게 대하여 증거하는 것이로다. 그러나 너희가 영생을 얻기 위하여 내게 오기를 원하지 아니하는도다"(요한복음 5:39-40)라고 한탄하셨다.

성경 요한복음 8장에 유대인들은 "진리를 알지니 진리가 너희를 자유케 하리라"고 말하였다. 그러나 그들이 진리를 알 턱이 없다. "우리가 아브라함의 자손이라 남의 종이 된 적이 없거늘 어찌하여 우리가 자유케 되리라 하느냐"고 동문서답한다. 이에 대해 예수는 "나도 너희가 아브라함의 자손인 것을 안다. 그러나 내 말이 너희 속에 있을 곳이 없으므로 나를 죽이려 하는도다"(요한복음 8:37-44)라고 하였다. 예수는 유대인들의 불신으로 자신이 십자가에 죽을 수밖에 없음을 한탄하셨다.

예수는 귀신을 쫓고 병든 자를 고치기 위해 지상에 오신 것이 아니다. 이것은 퇴마사나 무당들이 하던 일이었다. 당시 이러한 사람들을 믿고 의지했던 백성들에게 자신이 하는 일을 보고 믿어달라고 귀신을 쫓고 병든 자들을 고치신 것이다.

예수는 "내 말을 믿지 않을지라도 내가 행한 일을 믿으면 아버지께서 내 안에 있고 내가 아버지 안에 있음을 깨달아 알 것이라고 하였다."(요한복음 10:38) 그러나 예수가 귀신을 쫓고 병을 고치는 일을 보고 유대인들은 예수를 믿기는커녕 그를 "귀신의 왕 바알세불이 접한 사람"(마태복음 12:24)이라고 몰아 붙였다.

사실 예수를 쫓아다녔던 무리들이 예수가 선포한 진리에 감동하여 따라다녔다고 볼 수 없다. 그들은 배우지 못하고 무시당하던 천민들이었다. 예수의 귀신을 물리치고 병 고치는 기적을 보고 그를 따라다니거나, 예수가 혁명을 일으켜 유대의 왕이 되면 한자리 차지하려고 해서 쫓아다닌 사람들이 대부분이다.

그래서 예수가 제자들에게 곧 십자가의 고난이 닥쳐올 것을 말하는 심각한 상황에서 세베대의 두 아들 야고보와 요한은 "주의 영광 중에서 우리를 하나는 주의 우편에, 하나는 좌편에 앉게 하여주옵소서!"(마가복음 10:35-38)라는 한심한 요청을 하게 되었다.

예수가 메시아로 등극하면 한자리 꿰차려고 하였던 그들의 믿음은 사상누각에 불과했다. 영광 중에 메시아로 등장하면 신분 상승을 꿈꾸었던 그들이었기에 예수가 무기력하게 십자가에 매달려 돌아가시자 모두 뿔뿔이 흩어지고 말았다. 예수가 부활하여 실망하고 돌아서서 고향 엠마오로 가는 제자를 만나고, 다시 고기 잡는 어부로 돌아간 제자들에게 찾아가 부활의 증거를 보여주니 그때에야 다시 예수를 따랐던 사람들이 예수의 제자들이었다.

예수를 십자가 죽음으로 몰아간 자들은 메시아 강림을 고대하였던 유대인들이었다. 하나님이 택하신 민족이었지만 이집트의 종살이를 했고, 가나안에 입성하기 전 광야에서 40년 동안 초근목피의 고난을 받았으며, 가나안에 정착해서도 이방의 침략에 수탈당하고 종으로 끌려가는 수모를 겪었던 이스라엘 백성들이었다.

하나님은 왜 이들에게 선민의 영광과 함께 한편으로는 고난의 역경을 주셨는가? 오시는 예수 그리스도를 맞이하기 위한 선민으로서 훈련이었다. 그러나 그토록 사랑과 채찍으로 훈련하였던 선민들이 예수를 배신하고 십자가에 매단 것이다. 여기에 하나님의 한과 슬픔이 있는 것이다. 인간을 구원하기 위한 복귀의 한(恨)이다.

4

돌 하나도 돌 위에 남지 않은
유대 땅

한 제자가 예루살렘 성전을 가리켜 미석과 헌물로 지어졌음을 찬양하니 예수는 이 성을 "돌 하나도 돌 위에 남기지 않고 다 무너뜨려지리라"(누가복음 21:6) 하였다. 이어 제자가 "어느 때에 이런 일이 있겠으며 무슨 징조가 있겠사옵니까?"라고 묻는다. 예수는 "많은 사람이 내 이름으로 와서 내가 그라 하며 때가 가까이 왔다 하겠으나"라고 하였다. 예수는 계속 이어서 그의 십자가 죽음 후 일어날 일에 대하여 말씀하셨다. 예루살렘이 군대들에 에워싸이고 그 멸망이 가까운 줄 알라고 했다. 유대 백성들은 이방인들에게 죽임을 당하며 예루살렘은 이방인들에게 밟히게 된다고 예언을 하였다.

위의 성경 말씀은 한 치의 거짓과 과장도 없이 그대로 일어났다. 로마 군대는 유대인들을 철저하게 짓밟고 핍박을 하였다. 타 종교에 관용을 베풀던 로마는 유대인들에게 자신의 야훼 신을 섬기는 것도 허락하지 않았으며 유대교를 합법적인 종교로 인정하지 않았다. 예수의 십자가 죽음 후 예루살렘은 그 이름도 없이 사라지고 말았다. 예루살렘과 주변 땅에서 모조리 쫓겨나게 되었고 도시 이름마저 없어지고 말았다. 로마는 예루살렘이라는 이름을 카피톨리나로 바꾸고 모든 공문서에서 예루살렘이라는 이름을 지워버렸다.

왜 이런 일이 벌어졌을까? 외적인 이유는 로마로부터 자유를 찾기 위한 독립운동 때문이고 섭리적으로 예수를 십자가 죽음으로 내몰게 된 죄의 대가였다. 예수가 강림하기 전부터 유대인들은 메시아니즘을 가지고 있었다. 그들은 메시아가 이스라엘 왕으로 강림하여 로마의 지배에서 벗어나게 해줄 것이며 그들에게 자유와 해방을 가져다줄 것으로 믿고 있었다. 로마는 황제 숭배를 거역하는 유대인들의 반기를 그대로 허용할 리가 없었다. 유대 땅에 총독을 파송하여 이러한 운동을 철저하게 탄압하고 봉쇄하였다.

BC 63년 로마는 유대 땅을 점령하고 자신의 보호령으로 편입시켰다. 로마는 유대 땅에 헤로데 왕을 세우고 간접적인 통치를 했다. 유대 왕에게 자치권을 부여하였다. 헤로데 왕은 유대인들의 환심을 사려고 화려한 제2 성전을 건축했으며 유대인들의 종교에 관용을 베풀었다. 그러나 그는 유대인들이 싫어하는 이교적 행사를 했으며 여러 건축공사를 위해 세금을 과다하게 거두어들이게 되어 유대인들이 그를 배척하였다. 그리고 유대인들은 이때부터 로마로부터의 독립운동을 일으키기 시작하였다. 헤로데 왕이 죽자 유대 땅 여기저기서 로마로부터의 독립을 위한 봉기가 일어나기 시작했다.

BC 4년에 헤로데가 죽으면서 그의 세 아들에게 자신이 통치하던 지역을 분할 통치하게 하였다. 이때 갈릴리 지역을 통치했던 아들이 헤로데 안티파스였다. 안티파스는 로마로부터 아버지의 호칭이었던 대왕의 이름을 물려받지 못하고 분봉왕의 호칭으로 격하되었다. 성경에 안티파스는 자신의 부인과 이혼하고 이복형제의 부인을 아내로 취한 비도덕적인 일을 행하였고, 이를 부당하다고 말한 세례 요한을 옥에 가두고 목을 자른 인물이다.

안티파스 시대에 안티파스의 측근과 동맹자들을 척결하려는 세력들이 나타났다. 유다스를 주축으로 한 '열심당'(젤롯)의 독립운동이 일어났다. 이들은 야훼 하나님 외에 어떤 주인도 섬기지 않겠다는 일념으로 목숨을 건 독립운동을 벌였다. 열심에 가담한 사람들은 로마로부터 독립을 그들의 지상(至上)의 의무로 생각했다. 마침 로마가 유대인들로부터 세금을 거두어들이는 것을 빌미로 유다스는 반란을 일으키게 되었고 로마군은 이에 동조한 유대인들, 특히 세포리스의 주민들 2천여 명을 십자가에 처형하였다.

로마에 세금을 내는 것은, 하나님의 선민인 유대인들이 로마 황제의 사람들이 되는 것이나 마찬가지로 생각하였다. 즉 십계명 제1조 "나 외에 다른 신을 섬기지 마라"는 계명을 어기는 것이 된다. 그래서 예수를 곤경에 빠뜨리려고 헤롯 당원과 바리새인이 예수를 찾아와 '로마 황제 가이사에게 세금을 바치는 일이 옳은가?'라는 질문을 한다. 예수에 올가미를 씌우자는 것이다. 즉 "세금을 바치지 말라"고 하면 헤롯 당원들은 예수를 로마 당국에 대한 반란을 선동한 죄로 고발할 것이고, "세금을 바치라" 하면, 하나님의 백성인 유대인으로 로마 황제에게 순종한 셈이 되어 매국노로 비난받을 것이기 때문이다. 그러나 예수는 지혜롭게도 "가이사의 것은 가이사에게 하나님의 것은 하나님께 바치라"고 하였다(마가복음 12:13-17).

안티파스 분봉왕 이후 로마는 직접 유대 땅을 통치하기 위해 총독을 파견하였다. 총독의 주요 역할은 로마에 반기를 드는 유대인들을 척결하는 것과 세금을 거두어 로마에 보내는 것이었다. 이러한 권한과 사명을 부여받은 총독들은 로마 황제의 충성스러운 사냥개 역할을 다하기 위해 유대인을 착취하고 핍박하였다. 거기에 따른 유대인들의 저항과 항전은 더욱 강화되었다. 이 저항의 대상자는 단지 로마 황제뿐만 아니라 제사장을 비롯한 로마에 빌붙어 영화를 누리던 유대 지도자들도 포함되었다.

이러한 혼란을 틈타 유대인의 구세주가 되겠다는 메시아들이 여기저기에서 나타나기 시작했다. 이들의 임무는 로마로부터 독립하여 다윗의 왕국을 다시 세우고, 이스라엘 국가를 다시 세우는 일이었다. 로마의 지배 아래 있던 시기에 메시아를 자처하는 건 로마에 대한 선전포고나 마찬가지였다. 이들의 공격 대상은 로마 황제와 그의 군대들이었고, 로마를 지지하며 그들을 도왔던 유대 지도자들이었다. 무엇보다도 이들은 로마 황제의 통치를 부정하고 유대의 독립을 원했기 때문에 로마의 숙청대상 1호가 될 수밖에 없었다.

이때 메시아임을 자처하던 자들 가운데 대제사장 요나단을 암살한 유다스, 시카리의 지도자 므나헴, 헤로데의 노예였던 시몬, 가난한 목자 출신 아트롱게스 등이 있었으나 이들의 저항은 호랑이 앞에 선 하룻강아지와 같은 것이었다. 그러나 유다스 같은 반란군은 수천 명의 독립군을 모아 유대에서 위세를 떨치기도 하였고, 므나헴은 예루살렘을 장악하여 이교도들을 쫓아내고 로마에 빌붙어 영화를 누리던 대제사장을 암살하여 며칠간 예루살렘에서 메시아 왕 노릇을 하기도 했다. 그러나 곧 로마군에 의해 제압되고 말았다.

유대인 지도자들 가운데는 적당히 로마와 타협하고 화해하여 로마의 통치를 받아들이자는 온건파도 있었다. 이들은 자신들의 목숨과 기득권을 잃을까 두려워 로마와 타협하자고 주장하였다. 그러나 대부분 유대인은 로마로부터의 독립은 하나님의 뜻이라고 생각하였다. 그리고 자신들이 승리하도록 하나님이 지원하실 것으로 믿었다. 그들은 로마에 충성하지 않고 하나님께 충성한다는 마음으로 결사 항전을 결의하게 된 것이다. 이러한 주장을 내세우고 로마에 끝까지 항전한 세력이 열심당(젤롯당)이었다. 그리고 민족주의자 기스 갈라 요한과 같이 로마에 대항하기 위해 6천 명의 군인을 모아 로마에 항전한 세력도 있었다. 기오리 시몬의 세력은 1만 명으로 구성된 군대를 조직하여 한때 예루살렘에 입성하여 자신을 예루살렘의 주인으로 선언하기도 하였다. 그러나 이들 모두 로마군에 의해 처절하게 짓밟히고 살해되었다.

이들은 메시아라는 이름으로 독립운동을 일으켰으나 그들의 순수성을 의심받는 일도 있었다. 압제자 로마를 몰아내고 타락한 유대인들을 척결하겠다는 순수함과 함께, 자신들이 메시아요 유대의 왕이 되겠다는 야망도 함께 가졌다. 그리고 이들의 독립운동에 동참했던 가난하고 소외되었던 신분에 있었던 사람들 가운데는 신분 상승의 기회로 삼고자 하는 사람들도 있었다. 그래서 마술사, 농민, 종교 지도자들 가운데 여기저기서 '내가 메시아'라고 외치다가 로마군에 의해 짓밟히고 살해당하는 일들이 벌어졌다.

유대의 메시아 운동과 독립운동은 AD 70년도에 예루살렘이 함락되면서 거의 초토화되었고 예루살렘은 로마의 손에 완전히 장악되었다. 마지막까지 항전하던 반란군과 그의 가족들 1천여 명이 마사다 요새에 피신해서 결사 항전을 벌였으나 로마군은 이들을 둘러싸고 성벽에 고립시켜서 스스로 항복하기를 기다렸다. 그러나 로마에 항복하는 것은 선민 유대인들로서 자긍심과 신앙심이 허락하지 않았다. 그들은 자신들의 가족을 스스로 죽이고 마지막으로 자신들이 자결하는 것으로 유대 독립운동은 막을 내리게 되었다.

이런 와중에서도 끝까지 살아남은 유대인들은 아브라함 이후 오랜 시간 동안 조상들이 대대로 지켜왔던 약속의 땅 가나안에서 쫓겨나야 했다. 이제 팔레스타인 지역에서 유대 종교는 더는 발을 붙이지 못하게 되었고, 남은 유대인들은 세계로 떠도는 디아스포라 유대인이 되어야만 했다.

이것이 진정한 하나님의 뜻이었을까? 아니다! 이들이 약속의 땅 고향에서 쫓겨나고 이국에서 유리표박하게 된 것은 예수를 십자가에 매달리게 한 업보이다. 팔레스타인 지역은 메시아를 맞이하여 하나님의 나라를 이루고자 하나님이 선택한 민족, 선택한 땅이었다. 그러나 독생자 메시아를 십자가에 매달리게 한 죄의 대가로 근 2천 년간 유대인들은 처절한 고통의 가시밭길을 걸어야 했다. 예수가 그들에게 경고한 말씀대로 된 것이다. 돌 하나도 돌 위에 남지 않고 이스라엘은 철저히 멸망하게 되었다.

예수의 부활과
기독교의 출발

사도 바울은 예수의 부활이 없다면 전도하는 일도 믿음도 헛된 것이라고 하였다(고린도전서 15:13). 기독교는 부활의 종교다. 만약 부활이 없었다면 오늘의 기독교는 없다. 당시 사람들의 생각처럼 예수가 하나님의 아들, 왕이라고 사칭하고 다니다가 십자가에 매달려 사라졌다면 오늘의 기독교가 있었겠는가?

부활이란 죽은자가 다시 산다는 말이다. 예수가 십자가에 매달려 돌아가셨다가 사흘 만에 부활하여 흩어졌던 제자를 모았기 때문에 오늘의 기독교가 존재하게 되었다. 부활하신 예수를 보고 사람들은 '그가 보통 사람이 아니었구나!' '예수 자신이 말한 대로 그는 메시아였구나!' 생각하고 예수를 부정하고 떠났던 과거를 회개하고 몸이 부서지는 핍박 가운데서도 예수를 증거하여 기독교를 만든 것이다.

그러나 창조주 하나님이 죽어서 시체가 된 자를 다시 살릴 수 있는 그런 비합리적이고 비과학적인 분인가! 그런 기적을 만들 수 있는 하나님이라면 왜 그토록 기독교가 박해를 받았으며 인간 조상 아담과 이브가 선악과를 따먹는 것을 보시면서도 간섭하시지 않았던 것인가? 하나님은 창조원리에 의해 세상을 창조하시고 구원 섭리를 이끌어 가시는 분이다. 그렇게 비합리적으로 구원 섭리를 이끄시는 분이 아님을 성서에서 말해주고 있다.

그렇다고 부활이 조작이나 환상은 아니다. 예수는 분명히 부활의 흔적을 남기셨다. 그러나 예수의 부활은 육체적인 부활이 아니라 영적 부활이다. 영적으로 부활하여 40일 동안 지상에서 제자들을 불러 모으고 그들을 격려하고 교육해서 전도에 파송하고 다시 승천하였다. 이때도 육체의 승천은 아니다. 지상에서 할 일을 마치고 영적으로 승천을 하신 것이다. 예수는 제자 11명에게 "너희는 가서 모든 족속으로 제자를 삼아 아버지와 아들과 성령의 이름으로 세례를 주고 내가 분부한 모든 것을 가르쳐 지키게 하라"(마태복음 28:17-20)는 말씀을 남기고 승천하신 것이다.

부활은 글자 그대로 다시 산다는 말이다. 그러나 다시 산다는 것이 꼭 시체가 다시 일어나는 것을 의미하지는 않는다. 영적으로 부활하는 것도 부활이고, 가치적으로 새로운 삶을 사는 것도 부활이다. 세상에서 '저 사람 새사람 되었어!'라는 의미가 새로운 육체를 말하지 않는 것처럼 가치적으로 죽은자가 선하고 의로운 사람으로 변했을 때도 '저 사람 새사람 되었다'고 말한다. 성서에서 말하는 부활은 타락으로 하나님 사랑권을 떠났던 자가 하나님 사랑권으로 돌아온 것을 말한다. 예수는 "나를 믿는 자는 죽어도 살겠고"(요한복음 11:25), "내가 진실로 진실로 너희에게 이르노니 내 말을 듣고 또 나를 보내신 이를 믿는 자는 영생을 얻었고 심판에 이르지 아니하리라 사망에서 생명으로 옮겼느니라"(요한복음 11:24)라고 하였다.

예수는 영적으로 부활하셨다가 40일 후 승천하셨다. 그는 부활하신 그 모습대로 재림하실 것이다. 재림 메시아는 2천년 전 십자가에 돌아가신 그 예수가 아니고, 예수 그리스도의 정신과 사명을 가지고 오신다. 그는 지상에서 인간을 죄로부터 구원하실 진리를 가지고 오시며, 하늘 부모님을 모신 가정을 이루어 참부모가 되실 것이며, 인류의 메시아요 만왕의 왕으로 등극하셔서 세상을 통치하실 것이다.

6
예수 부활 사건의
불편한 진실

성경 마태복음 26장에 보면 유대의 대제사장들과 백성의 장로들이 모여 예수를 죽이려고 모의를 한다. 이러한 흉악한 음모에 예수의 열두 제자 중 가룟 유다가 야합하여 은 30냥에 예수를 팔아넘기게 된다. 예수는 이러한 궤계를 다 알면서도 죽음의 길을 피하지 않고 십자가 죽음을 받아들인다. 죽음의 위기에 사랑하는 제자들까지 예수의 곁을 떠나고 만다. 수제자 베드로는 예수의 죽음길을 따라가다가 "나는 그를 알지 못한다"(마태복음 26:72)라고 세 번이나 부인했다.

결국, 예수 그리스도는 하나님의 아들, 유대의 왕을 참칭한 죄로 십자가 사형을 선고받게 되었다. 십자가는 인류의 구원을 위해 만든 특별한 도구가 아니다. 당시 팔레스타인 지역의 나라에서 사형수를 매달아 죽이기 위한 사형 틀이다. 예수는 당시 흉악범 두 명과 함께 십자가에 매달리게 되었다. 십자가에 매달려서도 관원들은 예수에게 '유대인의 왕'이라는 명패를 붙이고 같이 지나가는 자들까지도 "네가 하나님의 아들이거든 십자가에서 내려와 보라"고 조롱하며 모욕을 주었다.

분명한 것은 예수는 십자가에 매달려 돌아갈 분이 아니라는 것이다. 그는 인류의 구세주 만왕의 왕으로 오셨다. 구약의 예언대로 그는 지상에서 가정을 이루고 왕위에 올라 세상을 통치해야 할 그리스도요 메시아였다. 그러나 당시 유대 지도자들이 그를 불신하여 억울하게 십자가에 매달려 돌아가시게 된 것이다. 이러한 하나님의 섭리를 아시는 예수였기에 십자가 위에서 "엘리 엘리 라마 사박다니"(나의 하나님 어찌하여 나를 버리시나이까?)라고 울부짖으셨다. 이 부르짖음이 자신의 육신 고통 때문이었을까? 아니다! 그렇게 말한다면 그것은 예수 그리스도를 모욕하는 말이다. 자신의 십자가 죽음으로 4천 년 하나님의 구원 섭리가 그르친다는 생각에서 나온 통한의 부르짖음이었다. 만약 예수의 십자가 죽음이 하나님의 뜻이요 예정된 사건이라면 예수는 메시아답게 초연하게 죽음을 맞이할 수 있었을 것이다.

바울은 예수의 죽음 후에 기독교인이 된 속사도이다. 예수의 생애를 지켜보았던 바울은 고린도인들에 보낸 서신에서 "이 지혜는 이 세대의 관원이 하나도 알지 못하였나니 만일 알았더라면 영광의 주를 십자가에 못 박지 아니하였으리라"(고린도전서 2:8) 하였다. 여기서 지혜는 하나님의 지혜를 말한다. 하나님의 뜻과 섭리를 알았더라면 예수를 십자가에 못 박지 않았을 것이라는 의미이다. 이 이상 무슨 말이 필요한가? 당시 무지한 유대인들이 예수 그리스도를 십자가에 매단 것이다. 왜 기독교인들은 이 성경을 보지 못했을까! 인류의 구원을 위해 예수의 십자가 죽음은 당연한 것으로, 그로 말미암아 구원받았다는 믿음 때문이다.

그러나 예수의 십자가 죽음으로 모든 것이 끝났다면 오늘의 기독교는 존재할 수가 없었다. 예수는 죽어서 당시의 관례대로 돌무덤에 묻혔다. 그러나 돌무덤이 열리고 예수는 사라졌다. 여기에는 여러 억측이 많다. 제자들 가운데 한 사람이 무덤을 지키는 관원을 매수하여 예수를 빼돌렸다는 설도 있다. 또 기절했던 예수가 무덤에서 다시 살아나 도망했다는 설까지도 있다.

'예수가 돌무덤에서 다시 살아나셨다' 아니면 '제자들이 시체를 빼돌렸다' '하늘로 승천했다'라는 것은 그렇게 중요하지 않다. 예수는 분명히 실망하고 돌아선 제자들에게 나타났다. 엠마오로 가는 두 제자에게 나타났고, 옛날 생업으로 돌아가 고기를 잡는 제자들에게 나타나 자신이 부활하셨음을 보여주셨다. 마가의 다락방에 나타나 제자들과 먹고 마셨다. 그리고 다메섹 산상에서 사도 바울을 만나 그를 회심하게 했다. 바울은 회심 후 지중해 일대 유럽에서 복음을 전하며 기독교의 판도를 확장하였다. 예수는 부활하여 제자들을 격려하여 결속하게 만들고 새로운 공동체를 일으키셨다. 예수 그리스도는 자신과 그리스도 공동체를 부활시켜 오늘의 기독교를 출발시킨 것이다.

부활은 '다시 산다'라는 의미이다. 성서에서 말하는 부활에는 두 종류의 부활이 있다. 즉 예수 그리스도의 부활과 일반인의 부활이다. 예수의 부활(resurrection of Jesus, 復活)은 안식일 전날 금요일에 십자가에서 돌아가신 예수가 안식일 다음날에 무덤에서 다시 살아난 사건을 말한다. 그리고 일반인의 부활은 죽어서 무덤에 묻힌 자들이 다시 살아나는 것이다.

먼저 예수 그리스도의 부활부터 이야기해보자. 기독교는 부활의 종교라고 할 수 있다. 만약 예수의 부활이 없었으면 오늘의 기독교는 존재하지 않았을 것이다. 사도 바울은 "그리스도께서 다시 살지 못하셨으면 우리의 전파하는 것도 헛것이요"(고린도전서 15:14)라고 하였다. 그렇다. 만약 그리스도가 십자가에 돌아가시고 부활하시지 않았다면 제자들이 마가의 다락방에 다시 모이지 않았을 것이며 오늘의 기독교는 존재하지 않았을 것이다.

성서의 사복음서는 공통적으로 예수의 부활을 증거하고 있다. 그러나 그 부활 사건에 대하여는 약간씩 다르게 증거하고 있다. 사복음서는 빈 무덤의 사건을 공통으로 전하고 있으나 빈 무덤 앞에서 예수를 만난 사람들이 다르다. 누가복음은 빈 무덤 앞에서 만난 사람들을 언급하고 있지 않지만, 마태복음 마가복음 요한복음에서는 약간 다르게 증거하고 있다. 마태복음에는 막달라 마리아와 다른 마리아에게 부활하신 예수가 나타났고, 마가복음과 요한복음서에서는 막달라 마리아만 예수를 만난 것으로 되어 있다.

마가복음과 누가복음에는 부활하신 예수가 예루살렘으

로 가면서 두 제자를 만나 대화를 나눈 이야기가 기록되었지만, 마태복음과 요한복음에는 기록되지 않았다. 마가복음에는 두 제자가 시골로 돌아갈 때 예수를 만난 것으로 기록되었고, 누가복음에는 엠마오로 가는 두 제자를 만난 것으로 되어 있다.

사복음서 공통으로 부활하신 예수가 제자들을 만난 것으로 기록하고 있다. 마태복음에는 예수가 갈릴리의 한 산에서 열한 제자를 만난 것으로 되어 있으며(마태복음 28:16-20), 마가복음에는 음식을 나누는 열한 제자에게 예수가 나타나신 것으로 기록됐고(마가복음 16:14-18), 누가복음서에는 열한 제자들이 예루살렘에 모여 예수의 부활에 관한 이야기를 나누는 중에 예수가 나타나셨음을 기록하였으며(누가복음 24:36-40), 요한복음서에서 유대인들을 피해 모여 두려워하고 있는 제자들에게 나타나신 것으로 기록되었다(요한복음 20:19-31).

예수가 부활 후 지상에서 활동하시다가 하늘로 올라간 사건에 대하여는 사복음서 중에 마가복음과 누가복음에 기록되었고 또한 사도행전에 기록되었다. 사도행전에는 예수 부활 후 40일 동안 사도들에게 나타나셨음을 기록하였고, 예수가 사도들과 함께 머물며 그들에게 성령의 세례를 받을 것이라고 기록하였고(사도행전 1:4-5), "성령님이 너희에게 오시면 너희가 성령을 받아 예루살렘과 온 유대와 사마리아와 땅끝까지 이르러 내 증인이 될 것이다"(사도행전 1:8)라는 말씀을 마치고 승천하셨다.

예수가 부활하신 것은 틀림이 없다. 부활을 부정한다면 기독교인이 아니다. 그러나 어떤 형태로 어떻게 부활하셨는가에 대하여는 이견이 많다. 기독교인 대부분은 예수의 육체 부활을 믿고 있다. 전지전능하신 하나님은 초능력을 가지고 계시기 때문에 예수의 육체 부활이 가능한 것으로 믿는다. 그러나 예수의 부활 사건에 대하여 역사적 예수를 연구하는 신학자들의 견해는 분분하다.

신학자들 가운데는 예수의 육체 부활을 인정하면서 부활 사건을 역사적으로 객관적으로 증명할 수 있다는 보수적 견해, 부활을 인정하면서도 부활의 의미는 영적 실재로 부활한 예수가 제자와 함께했다는 견해, 그리고 아예 성서에 기록된 예수의 부활을 부정하면서 이는 처음교회 지도자들이 교회와 자신들의 권위를 확립하려는 의도에서 꾸며낸 이야기로 보는 견해가 있다. 선교에 열정적인 사도 바울이 기독교 선교를 위해서 부활 사건을 과장해서 전하였다고 본다. 교회

권력에 몰두한 지도자들이 자신들의 권위를 위해서 부활 사건을 강조한 것이라는 견해다.

이토록 부활에 대한 견해가 달라진 것은 두 가지 이유가 있다. 그 하나는 복음서가 예수의 지상 생활 목격자들에 의해서 기록된 것이 아니기 때문이다. 성서의 기록은 예수의 십자가 죽음 이후 70년이 지나서 기록되기 시작하였다. 이때는 예수를 따르고 예수의 사역에 동참했던 사람들은 다 죽어서 사라졌고, 구전과 편편이 모아진 어록에 의존해서 예수의 생애를 기록했다. 그러다 보니 희미한 역사적 사실 위에 자신들의 견해가 개입된 복음서를 기록하게 된 것이다. 따라서 부활 사건은 성서 기자들의 견해와 상상이 첨가된 기록물이다.

부활의 견해가 다른 것은 하나님의 이해에 대한 견해가 다르기 때문이기도 하다. 하나님을 초월적인 분으로 이해하는 신학자들은 하나님은 전지전능하신 분으로서 인간의 이성과 과학을 초월할 수 있다고 본다. 따라서 예수의 육체 부활이 가능한 것으로 보고 있다. 그러나 하나님은 인격의 신이요, 역사와 우주에 내재하신 분으로 믿는 신학자는 하나님도 자신이 창조하신 자연의 이치와 법도를 벗어나 섭리하시는 분이 아니라는 이해다. 이러한 신학적 이해의 차이 때문에 예수의 부활 사건에 대한 견해도 다르게 된 것이다.

역사 속에 살아계시고 대우주의 주재자 되신 하나님의 섭리로 볼 때 예수의 부활은 육체적 부활은 아닌 것 같다. 예수의 부활은 영적으로 예수의 제자와 함께하신 사건이며, 제자들을 변화시켜 새로운 사람이 되게 하여 기독교를 세운 사건으로 이해할 수 있다. 이것이 진정한 부활, 즉 다시 삶의 의미가 아니겠는가? 예수가 육체로 부활하신 것처럼 기록한 것은 죽은자를 살리시는 하나님의 권위, 예수는 보통 사람이 아닌 하나님의 아들 그리스도임을 주장하기 위한 사실과 픽션이 가미된 전기(傳記)인 것이다.

7
죽은자의
부활

　신약성서에 부활에 관한 내용이 많은 비중을 차지하고 있다. 직접 부활이라는 말을 사용한 곳도 있고, '새 생명' '다시 삶' '새 사람' 등 부활의 의미를 지닌 단어들을 많이 사용하기도 했다. 성서에서 말하는 부활에는 두 가지가 있다. 하나는 예수의 부활이며 다른 하나는 죽은자의 부활이다. 앞 장에서 예수의 부활에 대하여 새겨보았고 본 장에서는 죽은자의 부활에 대하여 새겨보자.

　구약성서 에스겔서에 보면 에스겔이 여호와 하나님의 인도로 죽은자의 마른 뼈가 가득한 골짜기에 이르러 뼈들이 다시 살아나는 것을 보았다고 하였다. 여호와 하나님이 뼈에 생기를 불어넣으시고 뼈에 힘줄과 살을 입히고 가죽으로 덮어 산 사람으로 만드셨다고 했다. 마른 뼈가 산 사람이 되어 큰 군대가 되었다고 하였다. 아울러 죽은자들이 무덤에서 나와 이스라엘 땅으로 들어갔다고 했다(에스겔 37:14).

이 성서를 보면서 하나님은 능히 시체도 다시 살아나시게 할 수 있는 분으로 이해하고서 예수의 육체 부활도 가능하다고 믿는 사람들이 있다. 그러나 성서를 면밀하게 고찰해 보면 여기서 말하는 죽은자들은 하나님을 불신하고 우상을 섬기는 이스라엘 백성을 비유로 말한 것임을 알 수 있다. 이 성구에서 여호와 하나님은 에스겔에게 "인자야 이 뼈들은 이스라엘의 온 족속이라" 하였다.

신약성서에도 이처럼 육신의 부활이 가능한 것처럼 보이는 성구가 있는가 하면, 부활은 육체의 삶과 죽음에 관계가 없이 하나님에 대한 믿음과 사랑을 잃어버린 자들에게 사용된 말로 설명하는 성구도 있다. 성서에서 바울은 예수의 육체 부활에 대하여 적극적으로 주장하고 있다. 그러나 요한복음에는 죽은자의 부활은 정신적이고 가치적인 면에서의 재생이며 새 생명이라고 기록하였다.

누가복음 9장 60절에 예수를 따르던 한 제자가 자신의 부친이 사망하였으니 "나로 먼저 가서 부친을 장사하게 허락하소서!"라고 말씀드리니 예수께서 말씀하시길 "죽은자들이 자기의 죽은자들을 장사하게 하고 너는 가서 하나님의 나라를 전파하라" 하였다. 여기서 두 가지의 죽은자가 있다. 전자는 이미 죽어서 시체가 된 죽은자이고, 후자의 죽은자는 살아 움직이지만 하나님과 관계없는 자들을 말한다.

인간 조상 아담과 이브도 그렇다. 하나님은 아담과 이브에게 "선악을 알게 하는 과일은 먹지 말라 네가 먹는 날에는 정녕 죽으리라"(창세기 2:17)라고 하였다. 그러나 아담과 이브는 선악과를 따먹고도 930살까지 살았다고 한다. 여기서 아담과 이브의 죽음은 육체적 죽음이 아니라 선악과를 따먹은 이후 하나님의 사랑권을 떠난 정신적인 죽음이요, 타락으로 인하여 하나님의 자녀로서의 위치를 잃어버린 가치적인 죽음인 것이다.

사도 바울도 예수의 육체적 부활을 주장하였지만 한편 인간의 정신적인 죽음에 관해서도 이야기하고 있다. 바울은 "아담 안에서 모든 사람이 죽은 것같이 그리스도 안에서 모든 사람이 삶을 얻으리라"(고린도전서 15:22)라고 하였다. 그리고 바울은 "나는 날마다 죽는다"(32절)라고 하였다. 여기서 말한 죽음은 거짓된 나의 죽음이요, 하나님의 사랑을 모르는 자의 죽음이고 부활은 날마다 하나님 안에서 새로워지는 것이다. "내 말을 듣고 또 나 보내신 자를 믿는 자는 영생을 얻었고 심판에 이르지 아니하나니 사망에서 생명으로 옮겼느니라"(요한복음 11:24)의 말씀처럼 날마다 죽고 날마다 새로워지는 것이 부활이다.

결론적으로 말해 죽은자의 부활은 시체가 육체를 쓰고 다시 사는 것이 아니라 정신적으로 새사람이 된 것을 말한다. 흔히 세상에서도 과거의 죄악에 빠져 인간 구실 못했던 사람이 회개하고 선한 사람이 되었을 때 '저 사람 새사람 되었어!'라고 말한다. 여기서 새사람은 정신적이고 가치적인 면에서의 새로운 사람을 말한다.

예수의 말씀의 많은 부분이 이러한 정신적이고 가치적인 면에서의 부활을 이야기하고 있다. 특히 이러한 내용이 요한복음에서 많이 언급되고 있다. 요한복음 11장 25절에 "나는 부활이요 생명이니 나를 믿는 자는 죽어도 살겠고 무릇 살아서 나를 믿는 자는 영원히 죽지 아니하리니"라고 하였다. 이어서 12장 25절에는 "자기 생명을 사랑하는 자는 잃어버릴 것이요 이 세상에서 자기 생명을 미워하는 자는 영생하도록 보존하리라" 하였다. 예수가 보는 죽음과 삶은 하나다. 죽음 이후에 영원한 세상이 있기에 육체적 죽음이 곧 영원한 죽음이 아니고 영원한 세상에서의 다시 태어남이요, 부활은 재림의 소망을 알리는 서곡이기 때문이다.

한국에는 성서에서 전하는 부활에 대한 잘못된 해석으로 인해 종단이 없어진 사례가 여럿 있다. 1960년대 박인선 목사가 이끄는 에덴수도원은 말세와 휴거를 주장한 교단이었다. 이들은 1960년 3월 29일 새벽 3시에 지구의 종말이 오고 자신들의 교단에 들어온 사람들은 하늘로 들어 올리는 휴거가 있다고 대대적으로 선전하였다. 그러나 그날 그 시에 그런 사건은 벌어지지 않았다. 이 사기극과 같은 말세 소동이 있은 지 1년이 지나서 교단장 박인선 목사는 자신이 죽으면 부활한다고 하면서 수면제를 먹었다. 그러나 이 수면제 복용으로 인한 죽음은 영원한 죽음이 되고 말았다.

1960년대와 1970년대 영생을 주장하며 잘 나가던 한 교회가 있었다. 이 교회에서는 자기 교단에 들어와 신앙하면 지상에서 영생한다고 주장하였다. 육신으로 영생을 소망하던 사람들이 공동체를 만들어 함께 살았다. 그러나 이 교단

장의 가족도 한 사람씩 죽어가고 교인들도 늙어가며 순차적
으로 죽어갔다. 결국, 이 신앙공동체는 해체되고 이 교단의
존재도 사라지고 말았다.

　이와 같은 사건 외에도 말세와 부활을 주장하다가 결국 많
은 사람에게 고통을 주고 사라진 종교들이 많다. 하나님은
사랑의 하나님이시고 스스로 세운 창조의 원리를 거스르지
않는 사실을 믿는다면 결코 이런 일들이 벌어지지 않았을 것
이다. 종교와 과학은 서로를 부정하는 것이 아니라 서로의
완성을 위해 보충하고 통합되어야 한다. 아인슈타인의 말처
럼, 과학이 없는 종교는 맹신이고 종교가 없는 과학은 맹목적
이 된다. 현대인들은 과학과 종교의 통합된 진리를 요구하고
있다.

IV

재림의 약속

1

인류 역사의
종말이 올 것인가

인간은 역사의 영향을 받고 역사에 영향을 준다. 성서에서 말하는 말세가 도래하게 되면 인간 역시 생멸(生滅)에 영향을 받는다. 따라서 말세에 대한 이해는 자기 이해에 해당한다. 성서의 많은 부분이 그렇듯이 예수가 선포한 말세에 대한 말씀은 서로 다른 해석의 여지가 있다. 예수 자신도 비유가 아니면 아무것도 말씀하시지 않는다고 하였다(마태복음 13:34). 비유는 해석에 따라 그 의미가 달라질 수 있다. 성서의 종말에 관한 말씀도 어떤 관점에서 해석하느냐에 따라 역사를 비관적으로 혹은 낙관적으로 볼 수 있다.

신학자에 따라 인류 역사 종말에 대한 이해가 다르다. 종말에 대한 이해는 묵시론적 종말론, 실현된 종말론, 실존론적 종말론, 예정적 종말론, 복귀섭리사적 종말론 등이 있다.

묵시론적 종말론은 성서의 말씀대로 철저하게 세상이 멸망하는 것이다. 실현된 종말론은 그리스도의 강림은 곧 하나님의 주권 도래로 종말이 실현되었다는 견해다. 실존론적 종말론은 우리들의 일상에서 매일 일어나는 죽음과 부활을 말한다. 그리고 예정적 종말론과 복귀섭리적 종말론은 하나님 구원 섭리의 완성, 즉 하나님의 창조목적이 실현되는 때를 말한다.

예수의 종말에 대한 말씀 중에는 위의 관점들이 함의되고 있다. 때로는 묵시론적 종말론으로 해석할 수도 있고 때로는 실현된 종말론 혹은 실존론적 종말론으로 해석할 수 있다. 성서에서 언급된 종말론은 세상에 천변지이가 일어나는 묵시론적 종말론, 인간의 내향적 전환, 그리고 문화적 종합개혁으로서의 종말론으로 나눌 수 있다. 종말론에 대한 해석은 예수의 강림과 그의 역할에 대한 이해와 관련이 있다. 즉 하나님의 나라 도래와 그의 형태가 무엇인가를 말해준다.

예수의 종말론을 대표하는 누가복음 17장에 "하나님의 나라는 볼 수 있게 임하는 것이 아니요 천국은 너희 안에 있느니라"라는 말씀은 실존적인 종말론으로 볼 수 있다. 그러나 "노아 때에 된 것과 같이 인자의 때에도 그러하리라"라고 한 말씀은 묵시론적 종말론에 해당한다. 베드로후서 3장 10절 이하의 말씀은 묵시론적 종말론으로 이해할 수 있는 구절과 실존론적 종말론이 혼재되어 있다. "주의 날이 도적같이 오리니"는 실존론적 종말론에 해당하며, "하늘이 불에 타서 풀어지고 체질이 뜨거운 불에 녹아지려니"라는 말씀은 묵시론적 종말론으로 이해할 수 있다.

바울에 의해 기록된 디모데후서 3장과 4장에는 말세는 혼란한 고통의 때로 여기에 흔들리지 말고 그리스도인의 굳건한 신앙 자세를 지키라고 말하고 있다. 이때의 세상 사람들은 "돈과 쾌락을 사랑하기를 하나님보다 더 사랑한다"라고 하였고 "이러한 세상에서 주께로 돌아오면 천국에 들어가도록 구원할 것이고 그에게 영광이 세세 무궁토록 있을지어다"라고 하였다.

하나님의 구원 섭리의 관점에서 성서를 이해하면 종말은 지구의 멸망을 말하지 않는다. 따라서 묵시론적 천변지이가 일어나는 것이 아니다. 성서에 말세 때가 세 번 있었다. 노아 때, 예수 강림 때, 그리고 예수 재림 때가 말세였다. 창세기 6장 13절에 노아 때도 말세였다고 하였다. 그러나 홍수로 세상을 심판했지만, 지구가 멸망한 것은 아니다. 노아 이후 신천지가 도래하였음을 이렇게 표현한 것이다.

예수가 유대 땅에 오시기 전에도 예수님 때가 말세라고 예언하였다. 구약성서 마지막 말라기 4장 1절에 "교만한 자와 악을 행하는 자는 다 초개와 같을 것이라 그 이르는 날에 그들을 살라 그 뿌리와 가지를 남기지 아니할 것이로다"라고 하였다. 그러나 전도서에는 "한 세대는 가고 한 세대는 오되 땅은 영원히 있도다"(전도서 1:4)라고 하였다.

하나님의 창조목적은 영원하다. 당신이 세우고자 하셨던 천국은 결코 포기하실 수 없으시다. 만약 인간의 타락으로 인간 세상을 멸망토록 하신다면 결국 하나님의 천지창조는 실패한 섭리가 되고 만다. 시편에서도 하나님이 "성소를 두시되 영원히 두신 땅처럼 두셨다"(시편 78:69) 하였다. 말씀처럼 땅은 영원한 것이다.

그렇다면 "하늘이 불에 타서 풀어지고 체질이 뜨거운 불에 녹아지려니와 우리는 그의 약속대로 의의 거하는 바 새 하늘과 새 땅을 바라보도다"(베드로후서 3:12-13)라는 구절은 무슨 의미인가? 성경에서 말하는 하늘은 높고 거룩하며 선한 곳을 의미하며 땅은 죄악과 고통 그리고 사망이 있는 곳임을 상징한다. 즉 사탄이 세상의 왕으로 지배하는 곳이다(요한복음 12:31).

여기서 새 하늘 새 땅을 이룬다는 것은 하나님이 주관하시는 하나님의 나라가 도래함을 의미하는 것이다. 말세 때 "공중에서 주를 영접한다"(데살로니가전서 4:17)는 의미는 높고 거룩하고 선한 신앙을 하는 자에게 말세 때 하나님의 영광이 함께한다는 의미이다.

말세 때 불로써 심판한다는 말 역시 비유와 상징의 말씀이다. 구약성서에 장차 오시는 주님은 "입의 막대기 곧 혀로 세상을 치며 입술의 기운으로 악인을 죽인다"(이사야 11:4)라고 하였다. 신약성서에 예수께서 "내가 불을 땅에 던지러 왔느니"(누가복음 12:9)라고 말씀하셨다.

예수는 땅에 불을 지피러 오신 분이 아니다. 하늘의 진리를 전하러 오신 분이다. 이 불은 바로 진리의 말씀에 대한 비유와 상징인 것이다. 그래서 예수께서 "하늘과 땅을 말씀으로 불사른다"(고린도전서 3:7) 하였고, "불법한 자를 입의 기운으로 저를 죽인다"(데살로니가후서 2:8) 한 것이다.

말세는 재림주님이 오시는 때요, 그 말씀으로 세상을 다스리게 된다. 따라서 말세는 세상이 멸망하는 불안과 공포의 때가 아니라 인류에게 희망과 소망의 세상이 다가오는 때이다.

2

예수의
재림 약속

예수는 33년의 생애 중 3년의 짧은 기간 동안 자신의 사명이었던 하나님의 나라 실현을 위해 고군분투하다가 십자가에 돌아가셨다. 그는 돌아가시기 전 지상에 다시 오겠다고 굳건하게 약속을 하셨다. 예수는 지상에 왜 다시 오셔야 하는가? 환자가 완쾌되면 의사도 병원도 필요 없다. 마찬가지로 예수의 십자가 죽음으로 구원이 완성되었다면 그리스도가 지상에 재림할 필요가 없다. 그가 다시 오시는 것은 지상에 구원 섭리가 완성되지 않았기 때문이다.

물론 십자가를 믿고 구원받았다고 하는 사람들이 많다. 그러나 그것을 완전한 구원이라고 할 수 있겠는가? 물에 빠진 사람을 구원한다는 것은 물에 빠지기 전 상태로 완전히 회복하는 것이다. 병든 사람을 구원한다는 것은 병들기 전 건강한 상태로 회복하는 것이다. 마찬가지로 완전한 구원은 인간이 타락하기 전 하나님이 세우셨던 창조목적의 세계를 완성하는 것이다.

창조목적의 세계는 먼저 가정에서부터 시작하여 국가, 세계적 단위로 확대되어야 한다. 따라서 주님이 지상에 재림하시는 목적은 창조목적을 완성한 이상 가정을 이루기 위해서다. 요한계시록 19장에서 예언한 어린양 잔치란 바로 독생자 재림주님이 지상에서 독생녀를 맞이하여 인류의 참부모가 되신다는 의미이다.

지상천국은 참가정으로부터 시작된다. 그러나 지금 우리가 사는 세상은 하나님이 원하셨던 지상천국이 아니다. 세상은 점점 타락하고 악한 세상이 되어가고 있다. 사람들은 점점 더 완악해지고 세상은 구원받아야 할 죄인들로 가득 차 있다. 전쟁, 질병, 인종차별, 국경분쟁 등 인간으로서는 풀어낼 수 없는 문제들이 산적한 세상이 되었다. 지금이야말로 자유, 평화와 행복의 세계를 실현해야 할 인류의 참부모 메시아가 요청되는 세상이다.

오늘날 기독교인들은 예수의 십자가로 인해 구원을 받았다고 고백한다. 그러나 그 구원이 완전한 구원인가? 완전한 구원은 죄의 뿌리인 원죄를 청산해야 한다. 원죄가 청산되었다면 그는 물론 자녀들까지도 타락성이 소멸되고 자유와 평화와 행복한 가정을 이루었어야 한다. 과연 시기, 질투, 교만, 혈기 등의 타락성을 해탈하고 사랑, 믿음, 소망 안에서 살아가고 있는 기독교인이 몇 명이나 되고 있는가? 아직도 주님의 재림으로 거듭나야 할 사람들이 넘치는 세상이다. 불이 나면 소방관이 신속하게 와야 하는 것처럼 지금은 긴급하게 재림주가 요청되는 시대이다. 그러면 언제 어디로 어떻게 오실 것인가? 예수는 "모든 것을 비유로 말씀하시고 비유가 아니면 아무것도 말씀하시지 않는다"(마태복음 13:34)라고 하였다. 또 말씀에 "이것을 비유로 너희에게 일렀거니와 때가 이르면 다시는 비유로 너희에게 이르지 않고 아버지에 대한 것을 밝히 이르리라"(요한복음 16:25)라고 하였다. 이렇듯 비유로 말씀하신 것은 듣는 사람들의 이해를 돕기 위해서다. 예수는 "내가 땅의 일을 말하여도 너희가 믿지 아니하거든 하물며 하늘 일을 말하면 어떻게 믿겠느냐!"(요한복음 3:12) 하였다.

성서에 많은 내용이 비유와 상징으로 되어 해석하기 난해한 구절들이 있다. 기독교에 이단 시비도 성서 해석에서 비롯되었다. 또 많은 분파가 만들어진 것도 성서 해석의 차이에서 비롯되었다. 특히 재림에 관한 사항은 비유로 말씀하실 수밖에 없는 상황이었다. 당시 유대 지도자들에게 메시아의 강림은 상당히 예민하게 반응했을 시대였다. 그런 사람들에게 자신이 '하나님의 아들이요 메시아다' '나는 죽어서도 다시 산다'라고 말하는 예수를 온전한 사람으로 여기겠는가?

성서에서 예수는 언제, 어디로, 어떻게 재림할 것인가를 비유로 말씀하셨다. "아버지의 영광으로 천사들과 함께 재림한다"(마태복음 27장) 하였고, "너희들이 이스라엘 동리를 다 다니기 전에 인자가 오리라"(마태복음 10:23) 하였으며, 누가복음 17장에서는 "그날에는 많은 환난이 있고 거짓 구세주가 많이 나타난다"라고 하였다. 그러나 "이 모든 사실을 비유와 상징으로 이르고 때가 되면 밝히 알린다"(요한복음 16:25) 하였다.

위 성구의 전후 맥락으로 볼 때 예수 그리스도의 재림은 언제 어디로 어떻게 이루어질 것인가를 예측할 수 있다. 물론 2천여 년 전 그 예수가 다시 오시는 게 아니다. 그의 사명과 책임으로 메시아의 역할을 할 수 있는 사람이 다시 오는 것이다. 그는 여인의 몸을 통해서(계시록 12:5), 하나님의 나라 건설을 위한 책임자로 오실 것이다. 그때는 복음이 모든 민족에게 전해질 때라고 하였으며(마태복음 24:12), 오실 나라는 해 돋는 동방이라고 하였다(계시록 7:2-3). 이러한 말씀을 통해 '지금이 그때가 아닌가! 혹시 그 동방은 대한민국이 아닌가!' 라는 의문을 가지며 성서에서 재림주님을 찾아보자.

3
메시아의
자격 조건

유독 한국에서 수행하다가 아니면 기도하다가 어느 날 갑자기 '내가 메시아다'라고 등장하는 인물들이 많다. 그러나 이들이 아무런 근거 없이 자칭 메시아가 된 것은 아니다. 이들은 보통 기도 중에 특별한 계시를 받는다. '네가 제일이다' '네가 메시아다'라고 소명 받는다. 이러한 소명에 자신이 천하를 다스릴 메시아로 착각하고 세상에 메시아로 자처하는 것이다.

명상이나 기도를 통해 마음이 정결해지고 회심이 발심하면 '네가 제일이다' 혹은 '네가 메시아다'라고 계시를 받는다.

틀린 말은 아니다. 사람은 누구나 하나님의 아들이다. 하나님의 독생자, 독생녀이다. 인간은 하나님의 개성진리체이기 때문이다. 누구나 자신에게 주어진 달란트가 있다. 세계 70억의 사람들 가운데 나와 똑같이 생긴 사람은 없다. 나만이 하나님께 기쁨을 드릴 수 있고, 영광을 돌릴 수 있는 개성진리체인 것이다. 따라서 기도와 명상을 통해 정화되고 청정해지면 하나님으로부터 '너는 나의 아들이요, 세상을 구원할 메시아다'라는 계시를 받는다.

여기서 메시아는 유일 메시아(Only Messiah)를 말하는 것이 아니다. 메시아적 역할을 가진 보편적 메시아를 의미한다. 사람은 누구나 회개하고 구원을 받으면 메시아로서 소명 받는다. 다만 메시아로서 역할 완수에 따라 가정적 메시아, 종족적 메시아, 국가적 메시아. 세계적 메시아 그리고 우주적 메시아로 구분될 수가 있다. 2천 년 전 오셨던 예수 그리스도와 재림주님은 우주적 메시아이다.

그러나 세계적이고 우주적인 메시아는 아무나 될 수 없다. 메시아는 메시아로서 자격과 기반이 있어야 한다. 메시아가 될 수 있는 조건이 성립되어야 한다. 그럼 어떤 사람이 메시아가 될 수 있는가?

첫째 하나님의 선택을 받아야 한다. 사도 바울이 말한 것처럼 하나님은 "미리 정하신 그들을 부르시고 또한 부르신 그들을 의롭다 하시고 의롭다 하신 그들을 또한 영화롭게 하셨느니라"(로마서 8:30)라고 하였다.

둘째, 메시아는 하나님의 말씀을 구명하여 그 말씀을 세상에 전해야 한다. 인류를 지배하였던 사탄이 메시아에게 순순히 주권을 내어줄 리가 없다. 만약 하나님이 메시아에게 아무런 조건 없이 하늘의 진리를 내준다면 사탄이 참소하게 된다. 따라서 메시아는 스스로 노력과 책임으로 하나님의 진리를 구명하여 하나님으로부터 인정을 받아야 한다.

셋째, 인류의 부모로서 천품과 인격을 갖춘 사람이어야 한다. 메시아는 심판 주님으로 오시는 분이 아니다. 그는 은혜와 사랑으로 인간을 구원해야 할 구세주이시다. 아무런 조건 없이 그를 믿고 따르는 자를 구원하여 영화롭게 하시는 분이시다. 따라서 재림 메시아는 인류의 참부모 위상으로 오실 것이다.

메시아가 진리를 구명하기 위해서는 지혜가 필요하다. 지혜란 사물의 본질과 현상을 꿰뚫어 볼 수 있는 능력을 말한다. 기독교에서는 하나님을 아는 지혜가 모든 지혜의 으뜸이라고 하였다(잠언서 9:10). 메시아는 무엇보다도 하나님의 뜻과 심정을 알아야 한다. 인류를 창조한 뜻과 타락한 인간을 구원할 수 있는 사랑과 능력의 소유자이어야 한다. 그는 인류의 참부모, 참스승, 참주인의 위치에서 인류를 품을 수 있는 인격과 능력을 갖춘 인물이어야 할 것이다.

4

예수는
구름 타고 오시는가

성서 사도행전에 "예수는 너희가 본 그대로 오시리라"(사도행전 1:11) 하였다. Jerusalem Bible에서는 "Jesus will come back in the same way as you have seen him go there"라고 표현되었다. 예수는 지금까지 유대인들이 보아온 대로 오신다는 것이다. 당시 유대인들이 목격한 예수는 여인의 몸을 통해 태어났다. 평범한 한 사람으로 성장하여, 30세가 되어 자신이 메시아임을 선포하였으나 사람들이 자칭 메시아의 죄목을 씌워 그를 십자가에 죽음으로 내몰았다.

위 성서를 통해서 다시 오시는 주님 역시 버림받고 고난에 힘들 것이라고 예측을 할 수 있다. 누가복음 17장에 "그가 먼저 많은 고난을 받으며 이 세대에게 버린바 되어야 할지니라"라고 하였다. 왜 다시 오시는 주님 역시 세상으로부터 고난 받으며 버린바 되어야 하는가? 이는 기독교인들이 믿고 있던 대로 예수가 영광 중에 구름 타고 오시지 않기 때문이다.

재림하시는 주님은 2천 년 전 목수의 아들 나사렛 예수가 아니다. 다시 오실 주님은 부활한 후 하늘로 승천하신 그 예수가 아니다. 그는 메시아의 사명을 가지고 지상에 오시는 하나님의 아들이다. 재림 메시아는 다만 메시아로서의 사명에서 2천 년 전 그 예수와 같다. 이런 예수에 대한 이해를 바탕으로 누가복음에서 전하는 재림의 사건을 이해할 수 있다.

오늘날 기독교인들은 2천 년 전 유대 땅에 오셨던 똑같은 인물 예수가 구름 타고 오실 것으로 믿기 때문에 누가복음에서 전하는 재림의 사건을 이해할 수 없다. 누가복음 17장 20절에서 37절까지 바리새인들이 "하나님의 나라가 어느 때 임하나이까?"라는 물음에 예수는 다음과 같이 대답하였다.

"하나님의 나라는 볼 수 있게 임하는 것이 아니요, 또 여기 있다 저기 있다고도 못하리니 하나님의 나라는 너희 안에 있느니라. 또 제자들에게 이르시되 때가 이르리니 너희가 인자의 날 하루를 보고자 하되 보지 못하리라. 사람이 너희에게 말하되 보라 저기 있다 보라 여기 있다 하리니 그러나 너희는 가지도 말고 좇지도 말라. 번개가 하늘 아래 이편에서 번뜩하여 하늘 아래 저편까지 비침과 같이 인자도 자기 날에 그러하리라. 그러나 그가 먼저 많은 고난을 받으며 이 세대에게 버린 바 되어야 할지니라."

위의 성서는 2천 년 전 오셨던 예수가 구름 타고 재림하신다는 것을 믿었던 사람들에게 결코 이해될 수 없는 말씀이다. 구름 타고 영광 중에 오시는 예수를 누가 고난을 주고 버릴 수 있겠는가! 그리고 그날은 누구나 볼 수 있을 것이다. 만약 지금의 때 예수가 구름을 타고 영광 중에 오신다면 그 장면이 SNS를 통해 전 세계인에게 중계될 것이다.

예수의 초림 때도 그랬다. 다니엘서 7장에 예수의 강림에 대한 예언에는 "하늘 구름 타고 오신다"(다니엘 7:13)라고 하였다. 한편 이사야서 7장 14절에는 처녀가 잉태하여 아들을 낳을 것이라고 예언되었다. 하나님은 왜 이처럼 양면으로 예언하여 사람을 혼동케 하셨을까? 그것은 예수가 메시아 사명을 이루느냐 못 이루느냐 하는 것은 메시아를 맞은 인간의 책임에 달렸기 때문이다.

신약성서에도 예수의 재림 시에 구름 타고 오신다는 것과 여인의 몸을 통해서 육신을 쓰고 오신다고 예언되어 있다. 마태복음 24장에 예수 자신이 "인자가 구름을 타고 능력과 큰 영광으로 오는 것을 보리라"고 말씀하셨다. 반면에 누가복음 17장에는 구름 타고 오셔서는 이루어질 수 없는 사건들을 말씀하셨다. 요한계시록에서는 "여자가 아들을 낳으니 이는 장차 철장으로 만국을 다스릴 남자"라고 말하였다. 재림 메시아는 한 여인의 아들로 태어나 말씀으로 세상을 다스릴 분이라는 의미이다. 이처럼 성서에 양면으로 기록된 것은 예수의 초림 때와 마찬가지로 다시 오시는 주님을 메시아로 믿는 것은 인간의 책임에 속하기 때문이다.

그러면 왜 예수는 구름을 타고 오신다고 하셨을까? 거기에는 두 가지 이유가 있다. 첫째, 제자들을 격려하기 위해서이고, 둘째로 적그리스도를 방지하기 위해서이다. 예수가 만약 '나는 앞으로 2천 년 후에 어느 여인의 몸을 통해서 재림할 것이다'라고 말했다고 한다면 오늘의 기독교는 존재하지 않았을 것이다. 당시 예수를 따르던 제자들은 실망해서 다 도 망가고 말았을 것이다. 이들을 위해서 예수는 "구름 타고 곧 다시 오마"라고 선의의 거짓말을 한 것이다.

예수는 제자들에게 "너희들이 이스라엘 모든 동네를 다 다 니지 못하여 인자가 오리라"(마태복음 10:23)고 하였다. 구름 타 고 영광 중에 다시 와서 너의 원한을 풀어주겠다고 하였다. 제자들은 자신들의 당대에 예수께서 다시 오실 것을 굳게 믿 었다. 그리고 영광 중에 오셔서 세상을 다스릴 것이라는 그 말씀에 제자들은 고무되어 사생결단으로 예수의 복음을 전 파하고 그의 부활을 증거했다.

예수가 곧 구름 타고 다시 온다고 하신 것은 적그리스도의 예방을 위해서다. 예수께서 재림하실 때 거짓 그리스도들과 거짓 선지자들이 일어난다고 하였다. 그러니 "보라 여기 있 다. 혹은 저기 있다 하여도 믿지 말라"고 하였다(마태복음 24:23- 24). 돌아보면 예수의 초림 때도 그랬다. 당시에 자칭 타칭 메 시아가 많았다. 이 많은 가짜 메시아 가운데 진짜 메시아가 있었던 것을 유대인들은 몰랐다. 예수도 그들 가짜 메시아 중 한 사람으로 여겼다. 그래서 예수를 자칭 '유대인의 왕'이 라는 죄목으로 십자가에 매달게 된 것이다.

5
예수는
언제 재림하실 것인가

예수는 "아버지의 영광으로 천사들과 함께 온다"(마태복음 16:27)라고 했다. 그러나 "그날과 그때는 아무도 모르나니 하늘의 천사들도, 아들도 모르고 오직 아버지만 아시느니라"(마태복음 24:36) 하였다. 계시록 3장 3절에는 깨어있지 않으면 도적같이 임한다 했다. 도적은 언제 올지 모르게 온다. 예수도 도적처럼 아무도 모르게 오신다는 것이다. 깨어있지 않으면 도적같이 임한다는 것은 깨어있는 자에게는 도적같이 임하지 못한다는 말이다. 기름을 준비하여 등불을 들고 신랑을 맞이한 다섯 처녀 비유처럼(마태복음 25:1-13) 재림주님이 오실 때를 준비하고 정성을 들이는 사람은 그를 맞이할 수 있다는 것이다.

역사상 하나님의 특별하신 섭리는 예고하고 이루셨다. 노아 홍수 심판 때, 소돔과 고모라 성 멸망 때도 하나님은 예고하셨다. 또 예수의 초림 때도 구약의 선지자를 통해서 이스라엘 백성들에게 미리 알려주셨다. 이처럼 예수의 재림도 어떤 예시와 징후가 있을 것이다. 예수는 비유와 은유로 언제 재림하실 것인가를 말씀하셨다. 이 말씀을 옳게 해석하면 예수의 재림 시기를 짐작할 수 있을 것이다.

마태복음 24장 32절에 "무화과나무의 비유를 배우라 그 가지가 연하여지고 잎사귀를 내면 여름이 가까운 줄을 아나니 그때가 되면 인자가 가까이 문 앞에 이른 줄 알리라"고 하였다. 주님이 오실 때를 준비하고 그를 맞이할 수 있을 때가 되면 오신다는 의미이다. 무화과나무는 이스라엘을 상징한다. 이스라엘은 BC 63년 로마가 점령한 다음 박해와 착취로 시달리다 70년 예루살렘 성이 완전히 멸망되면서 전 세계로 흩어지는 디아스포라 유대인이 되었다. 나라 없이 거의 2천 년간 세계에 흩어져 살던 유대인들이 팔레스타인에 돌아와 국가를 설립한 것은 1945년이다. 이스라엘은 이때부터 잎이

돋아나고 열매를 맺는 무화과나무처럼 국가로서의 기틀을 갖게 되었다. 예수의 재림 시기는 이때부터라고 예측할 수 있다.

마태복음 24장 14절에 "천국 복음이 모든 민족에게 증거 되기 위하여 온 세상에 전파되리니 그제야 끝이 오리라"고 하였다. 천국 복음, 즉 하나님의 진리가 온 세계에 전파될 때가 말세라는 것이다. 말세는 주님이 강림하셔서 하나님의 나라가 세워지는 때를 말한다. 지금 우리가 사는 시대야말로 복음이 온 세상에 전파되었고 그 복음에 의해 오늘의 서양문화가 형성되었다. 우리가 사는 이 시대가 주님이 다시 오실 때라고 예측해 볼 수 있다.

주님은 선택받은 민족과 종교가 주님을 맞이할 수 있는 기반을 조성한 터전 위에 오신다. 주님은 후아담으로 오시는 분이기 때문에 아담이 잃어버린 기반을 다시 조성해야 오시는 것이다. 아담은 하나님이 따먹지 말라는 선악과를 따먹음으로 믿음의 기반을 잃어버렸고, 선한 가정의 조상으로서의 실체를 잃어버렸다. 따라서 주님은 잃어버린 믿음의 기반과 실체의 기반 위에서 오신다. 미리 보내신 중심인물들을 통하여 메시아가 사역할 수 있는 터전을 닦아야 하고 잃어버린 것을 탕감하는 기간이 필요하다.

성서에 등장하는 노아, 아브라함, 모세 등은 바로 주님을 맞이하기 위한 기반을 닦기 위해 세워진 중심인물이었다. 그러나 이들은 믿음의 기반을 닦기 위한 탕감의 조건을 세우는 데 실패하고 만다. 노아는 아들 함의 실수(창세기 9:18-29)로, 아브라함은 하나님께 바칠 제물을 뜻 맞게 드리지 못하므로(창세기 15:9-12), 모세는 예수를 상징하는 석판을 깨는 실수를 저질러서(창세기 32) 결국 메시아를 위한 기반을 조성하지 못하고 그 후 2천 년이란 세월을 거쳐서 예수가 강림하신 것이다.

예수의 재림 때도 마찬가지다. 하나님은 기독교를 통해서 재림하시는 주님을 맞이하기 위한 기반을 닦기 바라셨다. 그래서 예수의 십자가 죽음 이후에 기독교를 만드시고 그들을 연단시켜서 주님을 맞이할 수 있는 기반을 닦게 하신 것이다. 예수가 로마의 속국 예루살렘에 태어나신 것은 예수의 복음을 로마를 통해서 전 세계로 확산시키기 위함이었다. 당시 로마는 세계로 통하는 길이었기 때문이다.

오늘날 기독교는 서양에서 출발했다. 그리고 기독교가 가장 활발하게 전파되어 기독교 문화를 형성한 나라가 미국이다. 미국은 많은 선교사를 세계 곳곳에 파송하여 기독교의 세계화에 공헌하였다. 대한민국이 로마의 속국이 된 것은 아니지만 미국의 지원으로 기독교가 융성하였고 민주주의 국가를 이루었으며 경제 선진국이 되었다.

　재림주님은 종교의 자유가 있는 민주국가에 기독교가 번창하여 주님이 오시기를 기도하고 준비한 나라에 오신다. 대한민국이 주님을 맞이하기 위한 기반이 가장 잘 닦여 있는 나라이다. "한 송이의 국화꽃을 피우기 위해 봄부터 소쩍새가 그렇게 울었나 보다"라는 시의 한 구절처럼, 대한민국은 주님을 맞이하기 위해 기독교인들이 밤이나 새벽이나 그렇게 울부짖으며 기도한 나라다.

6
재림 메시아가
오실 나라

　예수가 어디로 재림할 것인가에 대한 것도 알기 어려운 내용 가운데 하나다. 제자들과의 대화에서 이스라엘로 다시 오실 것으로 이해할 수 있는 말씀이 있다. 전도를 내보내며 제자들에게 "내가 진실로 너희에게 이르노니 이스라엘 모든 동네를 다 다니지 못하여서 인자가 오리라"(마태복음 10:23)고 하였다. 또 계시록에 주님이 다시 오셔서 인을 치실 때 이스라엘의 자손 중 14만4천 무리가 인을 맞았다고 하였다(계시록 7:4). 이러한 성서의 내용으로 보면 예수는 이스라엘로 다시 오실 것이라고 예상할 수 있다.

그러나 예수가 이스라엘 땅에 다시 오시지 않음을 말하는 성구도 여러 개 있다. 마태복음 21장 포도원 비유에 포도원 소작을 바치지 않는 농부에게 그 소작권을 빼앗아 열매 맺는 다른 백성에게 넘긴다고 하였다. 이는 이스라엘이 하나님의 독생자 그리스도 예수를 이스라엘에 보냈으나 그를 믿지 않고 십자가 죽음의 길로 내몰았기 때문에 메시아는 이스라엘에 다시 보내지 않을 것을 의미한다.

사도 바울 또한 유대인들 가운데 메시아가 재림하지 않는다고 말했다. 바울은 유대인이라 칭하는 사람들에게 "표면적 유대인이 유대인이 아니고 오직 이면적 유대인이 유대인이다"(로마서 2:28)라고 하였고, 완악한 이스라엘 사람들에게 "저희가 넘어지므로 구원이 이방인에게 이르러 이스라엘로 시기 나게 함이라"(로마서 11:11) 하였다. 이는 이스라엘이 메시아를 맞이할 선민으로서 책임을 다하지 못하므로 그리스도의 재림은 다른 선민을 택하여 그 백성 가운데 보낸다는 의미이다.

그러면 예수가 재림할 곳은 어느 나라인가? 어떤 사건이 일어나기 위해서는 여러 조건이 맞아야 한다. 예수의 재림도 재림할 수 있는 기반이 세워지기 위해서는 여러 조건이 성립

되어야 한다. 나무의 열매가 맺기 위해서는 기후, 토질, 온도, 기술 등 여러 조건이 갖춰져야 하듯 이 재림이라는 역사적 사건이 아무런 기반 없이 이루어질 리가 있겠는가?

성서에 예수 재림의 장소에 대한 단서가 될 만한 구절은 없다. 다만 유대 땅에 오시지 않는다는 점과 열매 맺는 백성 가운데 오신다는 것을 말하고 있다. 그리고 계시록 7장 2절에 "천사가 하나님의 인을 가지고 해 돋는 데로부터 올라온다"라고 하였고, 3절에 그 인 맞은 자가 이스라엘 지파 중에 14만4천이라고 하였다. 여기서 이스라엘 지파 중이라는 말이 얼핏 이스라엘 땅에 다시 오신다는 것으로 받아들일 수 있으나 앞에서 언급했듯이 이스라엘 땅에 재림하시지 않는다.

본래 이스라엘이라는 말은 야곱이 얍복강에서 천사와 씨름하여 이기고 난 다음 천사가 지어준 이름으로 '승리자'라는 말이다(창세기 32장). 따라서 주님이 이스라엘 백성 가운데 오신다는 것은 승리한 백성에게 오신다는 의미이다. 주님이 오시기 전 주님을 맞이하기 위한 탕감조건을 세우고 주님을 맞이할 수 있는 내적 외적 기반을 조성한 백성 가운데 주님이 오신다는 말이다.

해 돋는 곳이라면 어디일까? 예로부터 우리나라의 별칭이해동국(海東國)이다. 삼국시대 중국이 우리나라를 '바다의 동쪽 나라'에 있다고 하여 부른 이름이다. 오늘날도 중국, 일본, 한국을 극동이라고 부른다. 극동 지역은 영국이 세계로 식민지를 확장할 때 자기 나라를 중심으로 세계 각 지역의 이름을 붙이면서 사용한 단어다. 해 돋는 동방에 주님이 오신다는 말은 중국, 일본, 한국 가운데 오신다는 의미인데 그중에 기독교가 번창하고 하나님의 뜻과 심정이 하나 될 수 있는 나라가 어디인가? 대한민국은 주님이 재림하기 위한 조건을 갖춘 나라라고 하면 결코 견강부회는 아닐 것이다.

주님이 열매 맺는 백성 가운데 임한다고 하였다. 바로 문명의 결실 지역에 오신다는 말이다. 문명사의 흐름을 볼 때 오늘날 한국은 문명의 결실지가 되고 있다. 문명의 흐름을 보면 대륙 문명에서 반도 문명, 도서 문명으로 이동되었다. 그리고 이 문명의 흐름이 현대에 와서 대륙 문명에서 도서 문명 그리고 반도 문명으로 이동하고 있음을 볼 수 있다. 현재 반도 문명국 한국이 문명의 결실 지역이 되는 것으로 볼 때 주님이 한국에 재림하심을 예측할 수 있다.

문명의 발상지와 흐름을 보면 이집트나 페르시아와 일대의 대륙 문명에서 발칸반도의 로마, 이베리아반도의 스페인과 포르투갈을 중심한 반도 문명으로부터 영국을 중심한 도서 문명으로, 미국과 캐나다를 중심한 대륙 문명으로, 다시 일본의 도서 문명에서 한국의 반도 문명으로 이동하고 있음을 볼 수 있다.

하천과 바다의 문명권 이동으로 볼 때도 한국은 주님이 재림하실 수 있는 나라다. 하천과 바다를 중심한 문명의 이동 경로를 보면 나일강 티그리스강 유프라테스강 등 하천 문명이 희랍 로마 스페인 포르투갈 등의 지중해 문명으로, 지중해 문명이 영국과 미국을 중심한 대서양 문명으로, 오늘날 대서양 문명에서 미국 일본 한국을 중심한 태평양 문명권으로 옮겨왔다. 한국은 메시아가 재림할 나라로 점차 태평양 문명의 중심으로 떠오르고 있다.

구약의 예언에서 말한 것처럼 예수 당시에도 자칭 메시아들이 많았다. 예수는 재림 때도 그러할 것이라고 하였다. "보라 저기 있다 여기 있다 하리라 그러나 너희는 가지도 말고 좇지도 말라"(누가복음 17:23)고 하였다. 주님이 다시 오실 때 주님이 "저기 있다 여기 있다" 한다는 것은 자칭 메시아가 많이 나타난다는 것이다. 그러나 여기서 생각해 볼 것은 거짓 메시아가 많이 나타날 때 진짜 메시아가 오신다는 것이다.

그분은 도둑같이 아무도 모르게 오시지만 오직 깨어있는 자만이 알게 된다(데살로니가전서 5:14).

한국의 상황이 그렇다. 한국의 각 종교에는 재림 사상이 있다. 불교에는 미륵불이 올 것이라고 예언하였고, 유교는 신공자가 태어난다고 하였으며, 기독교는 예수가 재림한다고 하였다. 특히 기독교 대부흥기 1907년도부터 자칭 메시아가 우후죽순처럼 일어났다. 새주파교회 김성도, 신비주의자 황국주, 이스라엘수도원 김백문, 전도관 박태선, 통일교 문선명, 장막성전 유재열 등 40여 명이 자칭 재림주로 활동을 하였다. 그러나 우리가 주목해야 할 사항은 이들 자칭 메시아들 가운데 하늘이 점지하신 진짜 메시아가 있을 것이라는 성서의 가르침을 묵과할 수가 없다는 사실이다.

우리는 '유일 메시아'와 '보편적 메시아'를 구분할 수 있어야 한다. 하나님이 보내신 한 분의 메시아(Only the Messiah)가 있고, 인류 구원을 위한 메시아적 역할을 하는 '보편적 메시아(Universal Messiah)'가 있다. '보편적 메시아'는 루터의 만인 사제직의 개념과 같이 만인 메시아론이다. 인류의 구원 사역에 참여하는 자는 누구나 메시아가 될 수 있다는 것이다.

우리도 가정 단위의 메시아 혹은 종족 단위의 메시아가 될 수 있다. 다만 우리가 그리스도와 다른 것은 우리는 우주적 메시아 위치에 있지 못하다는 것이다. 한국에 그 많았던 메시아들 가운데 유일 메시아(Only the Messiah)가 있을 수 있다는 사실을 하나님만이 아실 것이다. 신랑을 맞이하기 위한 기름을 준비한 다섯 처녀처럼 깨어 준비하는 자는 그를 맞이할 수 있을 것이다(마태복음 25:1-13).

7
하나님이 준비한
메시아가 오실 나라

하나님은 초림 예수의 강림을 위해, 가정적 기반으로서 다윗의 혈통을 통한 예수 그리스도를 탄생하도록 하였다. 민족적 기반으로는 이스라엘을 선민으로 택하였으며, 세계적 기반으로 예수가 태어난 유대 지역을 로마의 속주가 되게 하였다. 종교적 기반으로는 유대교를 세우셨고, 사상적 기반으로는 헬레니즘과 헤브라이즘이 만나도록 하셨다. 이토록 하나님은 아브라함 이후 약 2천 년간 그리스도 예수가 오실 수 있는 기반을 조성하였다.

특히 그리스도 예수가 강림하시기 전 400여 년은 메시아 강림 준비 시기였다. 이사야, 다니엘, 에스겔 등의 선지자를 보내어 메시아 강림을 미리 알리었다. 이 시기에 유대민족이 바빌론 포로에서 해방되어 예루살렘 성전을 지었고, 세계의 길로 통하는 로마가 팔레스타인을 속주로 만들었으며, 헬레니즘 문화와 헤브라이즘 문화가 만나게 되었다. 그러나 이러한 하나님의 그리스도 강림 준비도 결국 유대인들의 불신으로 수포로 돌아가고 그리스도는 십자가에 돌아가시게 되었다. 메시아를 통한 하나님 왕국의 시대는 재림 때로 연장되고 말았다.

메시아 재강림, 즉 예수의 재림 시기는 하나님이 어떻게 준비하셨나? 하나님의 구원 섭리는 잃어버린 기반을 다시 찾아 세우는 탕감복귀의 섭리이다. 그래서 역사학자 토인비의 말처럼 역사는 동시성을 그리면서 반복하는 것이다. 특히 토인비는 초림 메시아 강림 전 400년과, 재림 메시아 강림의 400년이 동시성을 그리며 반복하는 사실을 발견하고 역사의 불가사의라고 하였다. BC 400년 전에 일어났던 역사적 사건과 AD 2천 년이 되기 전 400년 기간의 역사적 사건은 신비할 정도로 비슷하다. 이 시기는 마치 수레의 두 바퀴와 같이 비슷한 길을 걸어 나온 것이다.

아브라함부터 예수 그리스도 때까지, 즉 BC 2천 년은 메시아 강림 준비시대였다. 예수의 십자가 죽음부터 재림 메시아의 탄생까지 AD 2천 년간은 메시아 재강림 준비시대라 할 수 있다. 그리고 본격적인 메시아 재강림 준비시대는 16세기 종교개혁기부터다. 이 시대에는 그리스 로마를 중심한 르네상스 문화가 열린 시대다. 마치 BC 5세기 전부터 일어났던 헬레니즘과 헤브라이즘의 복고운동처럼 지금부터 400여 년 전에 종교개혁과 르네상스 운동이 전개된 것이다. 헬레니즘은 제2의 문예부흥 계몽사조를 이끌었고, 헤브라이즘은 제2의 종교개혁으로 종교부흥 운동을 이끌게 되었다. 메시아가 재림하면 이 두 사상을 통합하여 제3의 문예부흥과 종교개혁을 이끌어 가게 될 것이다.

예수는 공화정 체제의 로마 정부와 병합된 유대 땅에서 태어났다. 로마는 세계 최초로 민주주의 체제에 해당하는 공화정이었다. 공화정 체제이고 다신교를 섬기는 로마는 종교의 자유와 선교의 자유가 보장되었다. 예수 그리스도의 선교 활동도 로마가 반대했던 것이 아니라 당시의 유대교가 반대한 것이다. 이와 마찬가지로 재림 메시아가 강림하는 지역도 민주주의 체제이고 종교의 자유가 보장된 국가가 될 것이다.

그리고 어쩌면 유대교와 마찬가지로 오시는 재림주님을 핍박하고 이단시하는 집단이 기독교가 될 수도 있을 것이다.

예수가 강림한 유대 땅에는 메시아니즘이 유행하였다. 많은 메시아 운동이 일어났었고 자칭 메시아임을 주장하는 예언자도 많았다. 그리고 유대교도 여러 교파로 갈라져 갈등과 투쟁이 계속되었다. 성서에 언급된 유대교 교파를 보면 사두개파, 에세네파, 바리새파, 열심당원 등이 있었고 서로 간에 갈등과 비판이 있었다.

예수는 유대교의 외식(外飾)과 부패를 비판하였다. 사실 예수는 이들 교파를 통합하여 새로운 종교 질서를 세우고 하나님의 나라 건설을 위한 협력자가 되기를 촉구하였다. 그러나 종교인 대부분은 자기들만이 최고의 진리를 가지고 있고 자기들만이 구원을 받는다는 믿음과 확신이 있다. 이러한 믿음과 확신이 긍정적인 면도 있지만 독선과 배타성의 원인이 되기도 한다.

그러면 위의 조건을 갖춘 나라는 어디일까? 바로 대한민국이다. 하나님은 주님이 다시 오실 땅으로 대한민국을 선택하셨다는 주장이 단지 아전인수(我田引水)격으로 해석한 것은 아니다. 한국은 지정학적이나 사상적으로 그리고 정치체제로 보아 메시아가 재림할 수 있는 필요한 요건을 충분히 갖추었음을 볼 수 있다.

한국은 문명의 결실지이며 사상이 통섭되고 있는 나라다. 헬레니즘에 뿌리를 둔 공산주의와 헤브라이즘에 뿌리를 둔 기독교가 만나는 접점에 있으며, 오늘날 로마라고 할 수 있는 미국과 굳건한 동맹하에 있고, 모든 세계의 주류 종교들이 집결한 종교박물관과 같은 나라이다. 불교, 유교, 기독교 등이 이처럼 공존하며 각자의 선교의 길을 가고 있는 나라는 세계에서 대한민국이 유일하다.

또 많은 예언자가 한국을 종교와 문화의 중심지가 될 것이며 새로운 진리가 등장한다고 예언하고 있다. 시성(詩聖) 타고르는 일찍이 일제의 암울한 시대 한국에 대하여 다음과 같이 예언하였다.

일찍이 아시아의 황금시대에 빛나던
등불의 하나인 코리아,
그 등불 한번 다시 켜지는 날에
너는 동방의 찬란한 빛이 되리라.
마음에 두려움이 없고 머리는 높이 쳐들린 곳,

지식은 자유스럽고 좁다란 담벽으로

세계가 조각조각 갈라지지 않은 곳,

진실의 깊은 속에서 말씀이 솟아나는 곳,

끊임없는 노력이 완성을 향해 팔 벌리는 곳,

지성의 맑은 흐름이 굳어진

습관의 모래벌판에 길 잃지 않은 곳,

무한히 퍼져나가는 생각과 행동으로

우리들의 마음이 인도되는 곳,

그러한 자유의 천당으로

나의 마음의 조국 코리아여 깨어나소서.

| 에 | 필 | 로 | 그 |

서구에서 예수 찾기 운동이 시작된 것은 18세기 계몽주의
가 열리면서부터다. 계몽주의가 도래하기 전에는 성서에서
진술한 예수의 동정녀 탄생이나 부활 사건 등은 신의 개입에
서 일어난 역사적 사실이라고 믿었다. 초월적인 신은 인간의
보편적 사고를 초월하여 구원 섭리를 하실 수 있기에 동정녀
탄생, 예수의 기적 행위, 죽음 후 육체 부활도 가능하다는 것
이다.

계몽주의가 열리면서 일부 학자들은 기독교인들이 믿고
있는 예수는 진짜 예수가 아니라는 생각을 하게 되었다. 성

서의 복음서기자들이 선교나 교육의 목적으로 예수를 초월적인 분으로 해석하고 동정녀 탄생, 이적과 기사, 부활 사건 등을 그렇게 사실처럼 기술한 것으로 생각하였다. 세상을 창조하신 신이 그렇게 비합리적이고 비과학적인 일을 하시는 분이 아니라는 것이다. 그래서 성서에서 전하는 예수에 대하여 합리적이고 보편적 사고에 근거하여 설명하려고 했다.

그러나 이러한 해석이 전혀 근거가 없이 된 것은 아니다. 성서 기자들이 이렇게 진술할 수 있었던 것은 어느 정도 그렇게 볼 수 있는 단초가 되는 역사적 사건들이 있었기 때문이다. 성서 기자들은 자신들의 관점과 신앙에 따라 이 사건들을 바라보고 해석한 것이다. 이러한 자의적 해석은 예수의 신성과 초월성을 강조하여 사람들로부터 예수를 믿게 하려는 선한 의도였다고 본다.

사실 진짜 예수 찾기 운동은 복음서를 기록한 기자들로부터 시작되었다. 복음서를 기록한 시기는 예수 십자가 죽음 후 70년이 지난 1세기부터이다. 복음서기자들은 예수를 목격한 사람들이 아니다. 다만 자신들이 진술한 기록들의 권위를 위해 마태, 마가, 누가, 요한 등 예수의 제자들을 저자로 삼은 것이다. 이 시기에 예수에 대해 기록한 자료가 없다. 다만 구전이나 편편이 기록된 문서 조각들에 의존해서 예수의 생애와 활동을 진술할 수밖에 없었다.

예수에 대한 기록이 없었던 것은 당시 문맹자의 비율이 97%에 가까웠고 예수를 따르던 제자들도 문맹자였기 때문이다. 변방 출신이 대부분인 제자들이 예수에 대한 언행을 기록했을 리가 없다. 그리고 당시 글을 아는 유대 지도자들도 예수의 존재를 몰랐을 뿐만 아니라 예수의 언행을 기록할 만한 가치가 있다고 생각하지 않았다.

비록 중세 초기에 기독교가 로마의 국교가 되어 근 1천 년간 유럽 전역에서 기독교를 신봉했지만, 누구도 진짜 예수에 대해 알고자 하는 시도를 할 수가 없었다. 성서를 문자 그대로 믿었기 때문이다. 만약 성서의 어떤 부분을 의심하거나 믿지 않으면 이단으로 처형되는 상황이었다. 성서는 하나님의 계시에 의해 기록되었다는 것을 의심 없이 받아들일 수밖에 없었다. 물론 이러한 생각은 오늘의 많은 보수주의 신앙인들에게도 같은 생각이다.

진짜 예수 찾기가 본격화된 것은 계몽주의 사상의 영향을 받아 성서에 대한 역사비평, 편집비평 등 성서비평학(聖書批評學)이 시작되면서부터다. 이때 역사적 예수를 찾자는 운동이 시작되었다. 이러한 운동을 전개했던 학자들은 기독교 신앙인들이 믿는 예수는 조작되고 허구라고 주장했다. 즉 역사적 진실과 다른 예수를 믿고 있다는 것이다. 기독교인들은 자신의 신앙 경험에서 투영된 예수를 믿을 수밖에 없었다.

스트라우스가 쓴 《예수전》은 예수 찾기 운동의 도화선이 되었다. 스트라우스는 성서의 예수 이야기, 특히 부활 사건은 기독교 공동체가 만들어낸 관념의 산물이라는 것이다. 물론 스트라우스는 역사적 부활 사건 자체를 부정하지는 않는다. 성서 기자들이 부활 사건에 대한 역사적 진술을 신화적인 진술로 바꾸었다는 것이다. 보른캄의 《나사렛 예수》에서는 성서의 기록은 자기 시대의 생각으로 예수의 삶을 투영한 것이라고 본다. 복음서기자들뿐만 아니라 오늘의 기독교 신앙자들 역시 자신들의 삶에 투영된 예수를 믿는 것이다.

예수를 평화를 실현하는 메시아로, 자신에게 복을 내리는 구세주로, 혹은 진리를 가르치는 위대한 스승으로 믿고 있다. 따라서 보른캄은 과거의 예수가 중요한 것이 아니라 오늘의 예수가 나에게 주는 복음을 찾는 것이 진정한 예수 찾기로 이해한다. 부활 사건의 역사적 의미보다 오늘 우리에게 주는 부활의 메시지가 중요하다는 것이다.

최근에 발간한 《예수 부활 논쟁》은 존 도미닉 크로산과 N.T.라이트의 부활에 대한 논쟁을 정리한 책이다. 크로산과 라이트는 예수의 부활에 대한 현대적 해석을 내놓았다. 크로산과 라이트는 성서에서 말하는 예수의 부활을 문자적 부활과 은유적 부활로 나눴다. 문자적 비유는 메시아로서의 예수의 경우를 말하고, 기독교인들은 은유적 부활로 예수를 이해한다고 하였다.

이들은 예수의 육체적 부활은 우주적 변화의 상징이라고 말한다. 즉 악과 불의와 부정과 폭력의 세상에서 정의와 평화와 순결과 거룩한 세상으로 바뀌는 보편적이고 우주적인 부활로 이해해야 한다는 것이다. 따라서 부활은 일회적이며 순간적인 사건이 아니라, 매일의 삶 속에서 개인과 가정과 나라가 하나님의 사랑과 주관권으로 변해가는 과정적 현상으로 이해한다.

슐라이에르 마허와 리츨과 같은 현대의 자유주의 신학자들은 예수의 초월성이나 유일한 메시아로서 위치를 인정하지 않는다. 예수를 한 인간으로 본다. 하지만 예수는 우리 인간들보다 더 깊은 신성과 능력을 가지신 분으로 이해한다. '예수가 그리스도냐 아니냐?'가 중요한 것이 아니라 그가 인류의 구원을 위해 무엇을 했느냐가 중요하다고 본다. 즉 인류 구원을 위한 메시아적 사명을 가장 잘 수행하신 분으로 이해한다. 이들 자유주의 신학자들은 성경에서뿐만 아니라 역사와 자연 속에 내재하신 예수 그리스도를 찾으려고 한 것이다.

어디에서 진짜 예수를 찾을 수 있을 것인가? 그리고 어떻게 진짜 예수를 찾을 수 있을 것인가? 첫째, 구약성서에서 예수를 찾을 수 있다. 구약성서에서 예수의 탄생과 지상에서의 역할을 예언하고 있다. 그리고 구약성서의 맥락은 장차 오실 메시아를 맞이하기 위한 기대(基臺)로 이어졌다. 하나님이 노아, 아브라함, 모세와 같은 중심인물들을 세워서 메시아를 맞이하기 위한 기대를 세우도록 하셨다. 따라서 이들 중심인물의 행적에서 예수의 구원 섭리의 길을 이해할 수 있다.

둘째, 신약성서에서 전하는 예수의 케리그마(kerygma, 복음설교)와 이 선포가 이루어지는 상황(context)에서 예수를 찾을 수 있다. 신약성서의 내용은 예수의 케리그마와 그것을 설명하는 상황으로 구성되어 있다. 즉 케리그마의 내용에 대한 문헌 비평과 양식 비평을 통해 말씀을 이해하고, 상황에 대한 역사적 비평, 사회학적 비평을 통해 예수를 찾을 수 있을 것이다.

셋째, 신약과 구약의 일관된 하나님의 구원 섭리적 관점에서 진정한 예수를 만날 수 있을 것이다. 하나님은 인간을 창조하시고 타락한 인간을 구원하시는 섭리를 해오셨다. 이 구원 섭리를 이끌어 오신 하나님의 뜻과 심정을 공감한다면 진짜 예수를 찾는 데 수월할 것이다. 예수를 구세주로 보내신 하나님의 뜻과 심정을 이해하게 될 때 진정한 예수를 찾을 수 있을 것이다. 하나님의 뜻과 심정은 예수가 전한 케리그마에 담겨 있다.

필자는 하나님을 한(恨)의 하나님으로 이해한다. 당신의 자녀로 아담과 이브를 인간 조상으로 세워서 하나님의 나라를 이루려고 하셨다. 그러나 그들은 하나님 말씀을 거역하고 타락했다. 하나님은 인간 조상 아담과 이브의 후손인 인류를 구원하시기 위해 기나긴 탕감복귀 섭리를 거쳐 후아담으로서 예수 그리스도를 지상에 보내셨다. 하나님의 독생자로 오신 예수가 지상에서 독생녀를 만나 가정을 이루고, 씨족을 이루고, 민족을 이루어 하나님의 나라를 지상에 이루기를 원하셨다. 그러나 유대인들의 불신으로 그 독생자는 십자가의 비참한 죽임을 당하고 말았다. 여기에 부모 되신 하나님의 한

이 서려 있는 것이다. 이 하나님의 한을 이해하게 될 때 진정한 예수를 만날 수 있다. 예수는 하나님의 한을 해원하기 위해 지상에 오신 분이다. 하나님의 한의 심정으로 성서를 읽게 되면, 그 안에서 진정한 그리스도 예수를 만날 수 있을 것이다.

진짜 예수 찾기

신 예수전

인쇄일	2020년 12월 12일
발행일	2020년 12월 21일
저자	이재영
발행인	이경현
발행처	(주)천원사
신고번호	제302-1961-000002호
주소	서울시 용산구 청파로 63길 3(청파동1가)
대표전화	02-701-0110
팩스	02-701-1991

정가 13,000원

ISBN 978-89-7132-795-1 03230

• 청파랑은 (주)천원사의 출판브랜드입니다.
• 잘못된 책은 구입하신 서점에서 바꾸어 드립니다.